雍正
朕就是这样汉子

傅淞岩 · 著

图书在版编目（CIP）数据

雍正：朕就是这样汉子 / 傅淞岩著. -- 北京：华文出版社，2024.8. -- ISBN 978-7-5075-6006-0

Ⅰ.K827=49

中国国家版本馆CIP数据核字第2024ZF8107号

雍正：朕就是这样汉子

作　　者：傅淞岩
策划编辑：杨艳丽
责任编辑：周海璐
出版发行：华文出版社
地　　址：北京市西城区广外大街305号8区2号楼
邮政编码：100055
网　　址：http://www.hwcbs.cn
电　　话：总编室 010-58336239　编辑部 010-58336191
　　　　　发行部 010-58336212　010-58336230
经　　销：新华书店
印　　刷：北京新华印刷有限公司
开　　本：710×1000　1/16
印　　张：17.75
字　　数：200千字
版　　次：2024年8月第1版
印　　次：2024年8月第1次印刷
标准书号：ISBN 978-7-5075-6006-0
定　　价：68.00元

版权所有，侵权必究

目录 CONTENTS

001	楔　　子	松花捕鱼
007	第 一 章	偶像黄昏
025	第 二 章	第一闲人
043	第 三 章	帝国梦魇
067	第 四 章	死亡游戏
085	第 五 章	白额野虎
101	第 六 章	大义觉迷
115	第 七 章	红楼一梦
129	第 八 章	重返《诗经》
143	第 九 章	改土归流
159	第 十 章	生死弹劾
173	第十一章	江南捕蝉
187	第十二章	军机杀机
205	第十三章	破尘禅师
221	第十四章	圆明画境
249	第十五章	死亡傀儡
265	第十六章	朝乾夕惕

楔 子 >>>
松花捕鱼

多年以后，胤禛都会记得，在松花江畔捕鱼的时候，他已不再是一个春风得意、年轻得志的皇族贝勒，而是女真族一位普通的酋长之子。

胤禛内心深处的松花江，永远是那么富有生气。他亲眼看到，文武双全的父亲，竟然还是一个手法熟练的渔夫！尽管船随着急流漂动而摇曳，但是父亲玄烨毫不在意，在富饶的松花江上，他的手感特别好。无论渔网掷向何处，皆能捕获满网的大鱼小鱼。而胤禛与他的兄弟们一起拉网，大鱼压得船头直晃。

年轻的胤禛也将永远记得，皇考[①]在长白山的密林之中，竟然仅仅凭借山涧的倒影，一箭正中猛虎的肋部，虎应弦而毙。目睹此景的这些新满洲八旗，可都是从大小兴安岭中招募的勇猛之士，玄烨留下的那令人惊奇的一箭，在东北新满洲的军人间流传很久。

岸边的连绵群山，曾是三百年前女真人的聚集地。那时候，爱新觉罗的先祖们正在长白山深处颠沛流离。如今，玄烨与儿子们，像筚路蓝缕的祖先们一样在山中狩猎，胤禛和他的众多兄弟会捕获

---

① 皇考：在位的皇帝对先皇的称呼。

清宫廷画家绘《雍正帝行乐图》之一。故宫博物院藏

上千只鹿、野鸡、虎和熊。每逢狩猎的号角响起时，胤禛都会想到清太祖努尔哈赤的六世祖、胤禛的十世祖——蒙哥帖木儿。

山谷的寂静里，他能体会到这座东北的灵山赋予这个家族数不清的神秘。

此时此刻，离胤禛全面准备夺储还有十五年。此时此刻，他还唯皇太子胤礽①马首是瞻。这是生命中最自由的时候，他可以完全地放松下来，以北京王府里年轻贝勒的心态，带着好奇心去体验先祖们的生活方式。

---

① 胤礽：清圣祖玄烨第七子，母为仁孝皇后赫舍里氏。因其胞兄、嫡长子承祜幼殇，故胤礽在刚满周岁时即被确立为皇太子。

那天晚上，月色明亮。在奔流的松花江岸边，两万多人在夜幕下点燃了熊熊篝火，那篝火一直点燃二十多里，如同满天的星斗。白天，康熙与皇子们亲手捕鱼；夜晚，父亲和兄弟们架起炉具烹调鲜鱼，在夜晚那温暖的火堆旁，他们传递烧好的鲜鱼，鱼香弥漫在这个静谧的夜晚。他们吃着从盛京带来的猪油炒菠菜、渍制山里红、酱烧茄子，吃着松子、榛子等东北特产……

这一年是康熙三十七年（1698年），康熙因为平定了噶尔丹而亲往东北盛京拜谒祖陵，胤禛随从父亲东巡。父慈子孝、兄友弟恭、意气风发的爱新觉罗家族，作为中国第一家族重返东北"龙兴之地"。

白山黑水间，曾有过如此圆满的东巡之旅，在《清实录》的记载中却留下一些让人疑窦丛生的空白。有的史书记载，在盛京故宫里摆放的几十桌宴席中，有皇帝玄烨一桌，包括胤禛在内的八位阿哥坐了八桌，而《清实录》中却仅仅记载了皇长子、皇三子等七位阿哥，如此准确的清史怎么会少算了一个呢？

那位蒸发的第八位阿哥是谁？

正是雍正皇帝胤禛。

胤禛刚刚即位，成为雍正皇帝之后，即逐家逐户收缴大臣家中所存的康熙手谕，当代第一出类拔萃之大臣隆科多、胤禛皇子时代的智囊戴铎等人，都因私藏文书被判以重罪。康熙王朝绝大部分的记录被毁灭。乾隆在位六十年，《清实录》多达六千三百卷，康熙在位六十一年，《清实录》仅仅残留三百卷。

皇四子胤禛孤独地从长白山的火堆旁离开，带着他的历史，躲

清圣祖康熙皇帝
爱新觉罗·玄烨像

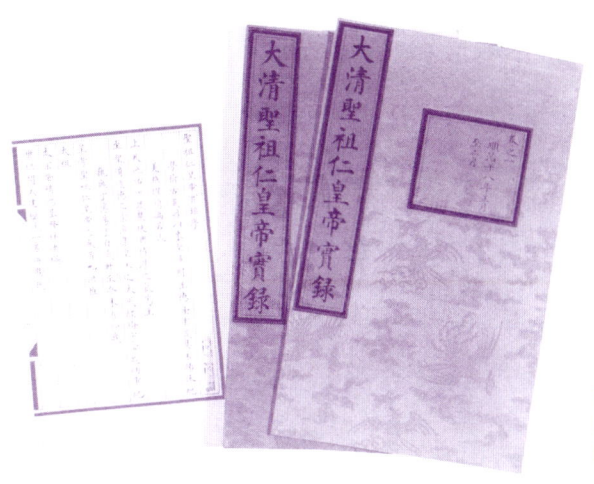

清内府刻本《清圣祖仁皇帝实录》。故宫博物院藏

进了历史帷幕的深处。康熙晚年的立储大计、皇太子胤礽的两次被贬、皇三子胤祉的学术活动、皇八子胤禩的强势崛起、皇十四子胤禵的西征烽烟，等等，也终究被胤禛撕成隐隐约约的碎片。甚至他幼年直至中年的活动，只能氤氲在淡淡的记忆当中。

或许，我们只能在残存史料的夹缝中，捕捉他一闪即逝的身影。

第一章 ∨∨∨
偶像黄昏

年以后，当雍正回望自己的童年时，一定会回忆起黑暗中那盏明亮的白纱宫灯。

从康熙二十年（1681年）开始，每天凌晨三点钟，他便会被下人们叫起床，和众多皇子一起，带着睡意走过无人的紫禁城，开始紧张而严格的学习。康熙创造了最严格、最贵族化的皇子学习制度，那是当时其他国家都无法办到的最严谨、最有层序的学习环境。

这些皇家金玉之体，恐怕是昏睡着的紫禁城里醒得最早的一群人了。每天的凌晨四点钟，胤禛便与其他皇子到无逸斋，开始了"学而时习之"，复习头一天的功课。这些皇子皇孙五岁开始在上书房读书，康熙亲自在帝国的精英中为皇子们选定师傅。汉族师傅有张英、熊赐履、李光地、徐元梦、汤斌等一代名儒，而满人师傅则教授满文和蒙古文，以及弓箭骑射技艺。

每天清晨五点，老师来到课堂。满文师傅达哈塔、汉文师傅汤斌等在上书房，先以臣礼给皇太子行跪拜的礼节，后以师礼检查皇子们的功课，让他们背书。皇子朗朗背诵，一字不错。师傅再给皇子们画出下面新的一段，让皇子们背诵。

有时候，康熙下朝后匆匆来到无逸斋，皇子们到斋外面台阶下迎接父亲。康熙来了之后落座，常常要做的就是让他的儿子们背书，康熙拿出书来随便点一段。康熙会慈祥地告诉皇子们说，他小时候书要朗诵一百二十遍，之后还要背诵一百二十遍，完全熟练了，然后再换下一段，这样一段一段地学。这样的学习从四岁开始，无论严寒酷暑，没有一天中断。有时候累得咯血，但是他仍然坚持学习。

直到中午一点，皇子们开始练习书法。皇子书写时必须正襟危坐，每一个字要写一百遍。午饭时间也没打乱紧张的学习节奏。侍卫送上饭来，老师跪着接了饭去吃，皇子们在另一旁吃饭，吃完饭之后不休息，继续埋头于功课。尽管诸皇子在宫中学业精进，书房内外、宫中上下还是无人敢赞好。康熙下了一道严厉的谕旨："若有人赞好，朕即非之。"

这些满族血统的皇子仍保留着东北人喜好凉爽的习惯，但此时康熙不许他们拿扇子。其刻苦程度，就连师傅达哈塔、汤斌和耿介等人亦难以承受。因为年迈、暑热、晨起过早、站立的时间太久，这些老迈的大儒时常会体力不支，斜倚着书案不知不觉地打盹，有时候几乎摔倒。多年以后，胤禛会有极端畏暑的毛病，以至于他即位后的大部分时间，都在凉爽的圆明园度过。

在这些大儒荟萃的师傅当中，对胤禛影响最大的不是熊赐履等名儒，而是学术地位较低的侍讲学士顾八代。这位满洲镶黄旗勋戚后代，曾经官任礼部尚书，他为人正直，为官清廉，退职后一直过着极为清贫的生活，死后家里连办丧事的钱都没有。胤禛听到这个讯息后，便以学生的身份亲自为师傅料理后事，自己出钱把师傅安

清人绘《胤禛朗吟阁读书像》轴，故宫博物院藏

朗吟阁在圆明园中路"天然画图"内，胤禛做皇子时常居于此

葬了。作为胤禛的启蒙老师，顾八代的理学言传倒在其次，清正淳厚的人格品德，成为对胤禛完美的身教。

练完书法的下午，是这些满族皇子喜欢的室外时光。无逸斋外面的院落设有靶场，皇子可以射箭、骑马，练习武艺。黄昏时分，康熙时常会再到无逸斋检查功课，他先让这些皇子背书，一个跟着一个背诵。之后，他会检查皇子们的箭法，他先让皇子们一个一个射，让几位师傅跟着去射，最后他会亲自下场，"连发连中"的箭法加深了皇子们对父亲的崇拜。

在胤禛幼小的心中，康熙是超过所有师傅的全知全能者，是所

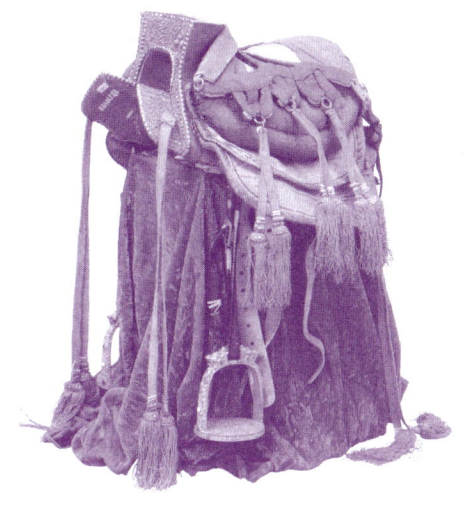

雍正御用银刻花嵌松石珊瑚马鞍。故宫博物院藏

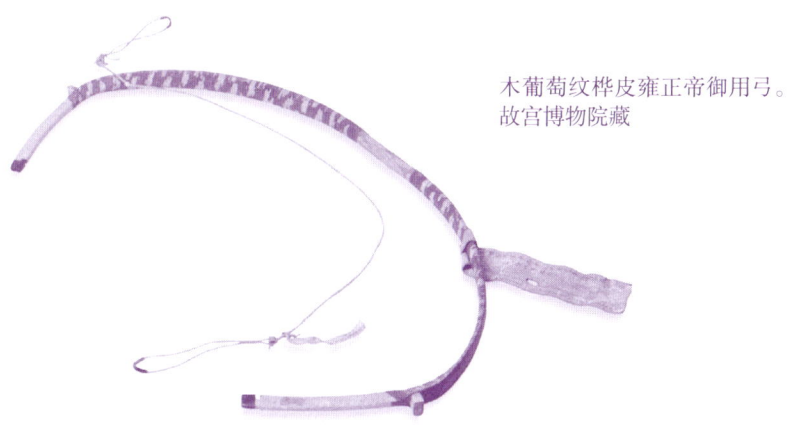

木葡萄纹桦皮雍正帝御用弓。故宫博物院藏

有皇子心中的偶像。胤禛会永远记得，康熙送给他的"千里眼"仪器和观看日食的情景。有一次，日食偏到四五分之时，康熙让他观察日食的全过程。那时候，十三阿哥胤祥挤在人群中，因年龄小、个子矮，他几乎看不到在众人簇拥下一晃而过的父亲。为了表示对父亲的孝敬和仰慕，他情不自禁地趴在父亲刚刚留下的脚印上起劲地闻起来。

只要有时间，这位慈祥的父亲便教皇子们数学、天文学、地理学、医学、测量学、农学等。众多皇子都在表现其优秀的潜质，幻想着能够得到父亲专门的指导。胤禛自卑地发现，他在哪个学科上都算不得出类拔萃的学生。三阿哥胤祉在各个学科上领悟颇深，康熙经常单独给他讲解几何学，让他见识从西洋带来的各类手摇计算机，培养他的科学才能；八阿哥胤禩天资聪颖，很小的时候便与几位阿哥一起读诵古卷，他的朗诵纯熟舒徐，声音朗朗，总博得众人的一片喝彩。

年幼的胤禛根本没有打算与其他皇子竞争。皇太子胤礽独占了

清朝各种体面的教具

康熙大部分的余暇时光，其他皇子都能感到他身上那让人如芒在背的光环。

胤礽生于康熙十三年（1674年），是康熙帝的第一位皇后赫舍里氏所生。赫舍里氏生下他后几个时辰就死于坤宁宫。康熙悲痛之下，次年便封胤礽为皇太子，并亲自教他读书。太子六岁时，康熙

又请大学士张英、李光地等为其师。在父皇与师傅的调教下，胤礽在骑射、言辞、文学等方面的领悟远远超过其他诸位皇子，他八岁时能够左右开弓，并且能够背诵"四书"。康熙特意在畅春园之西为胤礽修了一座小园林，赏他居住。即使康熙远征塞外，还不忘让胤礽寄去几件旧衣服，以便舒缓一下对爱子的思念。

只有大阿哥胤禔在与太子胤礽公开竞争。胤禔身体强壮，而且大胤礽两岁。两个孩子交恶以后，每每会从无逸斋中的比试开始，一直到斋门外的靶场上动手比画，胤礽在各方面都要与胤禔一比高下。没有哪位皇子敢公开介入两位阿哥的矛盾中，不仅因为胤礽在激动时竟能动手杀人，更重要的是，两位阿哥在朝中均有亲属是国家重臣。

大学士明珠是大阿哥胤禔的亲舅舅，力捧自己的亲外甥；大学士、领侍卫内大臣索额图是太子胤礽的外叔公，自然要不断强化胤礽东宫储君的地位。两位大学士左右着康熙王朝的政治秩序，当时流传着这样一首民谚，说："要做官，问索三；要讲情，问老明。"不过，两个人有宿怨，经常相互倾轧，彼此争斗不休。索额图过于嚣张，而明珠偏于阴险，又有民谚说："天要平，杀老索；天要安，杀老明。"

胤禔虽是庶出，但身为皇长子，不肯屈居太子胤礽之下。明珠一直在积极地为这位外甥筹划，他一方面鼓励大阿哥在康熙面前表现积极一点，以博得康熙的好感；同时又利用自己的地位，拉拢朝中大臣，如大学士余国柱、户部尚书佛伦和刑部尚书徐乾学等人，隐然形成"皇长子党"，和索额图的"太子党"相抗衡。康熙同时重用索额图和明珠两人，本意是希望两人相互制衡，后来为了保护太子胤礽的地位，终于罢斥明珠，很快便瓦解了"皇长子党"。

胤禛的生母乌雅氏原是隶满洲镶蓝旗包衣，康熙十六年（1677年）二月入宫，只是地位较低的"常在"，第二年她生下了胤禛。胤禛的出生，史书中不过寥寥数笔带过："丁酉出生，上之第十一子也，皇四子也。"平淡而又无奇。第十一子指的是胤禛的自然行次，后来称呼的皇四子则指的他的序齿行次（有些皇子未成年即夭殇，故未作序齿）。

与众多母族显赫的皇子相处，胤禛会带着隐隐的自卑。他出生

清宫廷画家绘《孝恭仁皇后朝服像》轴。故宫博物院藏

胤禛的生母乌雅氏出身护军参领之家，原为包衣人家之后，生胤禛第二年封德嫔，后晋封德妃，之后生皇十四子胤禵。谥孝恭仁皇后

的那年，乌雅氏由于地位低下，还没有资格养育自己的亲生儿子，胤禛被抱给皇贵妃佟佳氏养育。佟佳氏出身贵族，康熙十年（1671年）晋升皇贵妃，因康熙皇帝担心自己克后，所以孝昭皇后过世之后，十数年间康熙一直未立新后，佟佳氏便以皇贵妃之名，行掌管后宫之实，是圣祖康熙皇帝的贤内助，也是诸位皇子之嫡母，她的尊贵让年幼的胤禛产生一种依属感和安全感。

佟佳氏膝下无子，仅有一女又早早夭折，因此她一向视胤禛为己出，殷勤备至，关爱有加。年幼的胤禛便凭借着这个得天独厚的机缘，被鞠养于康熙宫中，得到皇父的亲自抚育。生性淡薄的胤禛，第一次拥有了一个强烈的意志，他要巴结这位富有爱心的养母，他要无限地依赖这份无私的母爱。

在这个讲究出身的皇子堆里，胤禛有意地表现出皇贵妃养子的高傲，无意地表现出与生母乌雅氏的隔阂。久而久之，这对亲生母子的关系蒙上一层阴影。胤禛十岁那年，乌雅氏生下十四阿哥胤禵，此时，她已由嫔升为妃子，康熙允许她抚育自己的幼子。

胤禛十二岁那年，养母佟佳氏去世。佟佳氏的死，让胤禛失去了有生以来最重要的靠山，这让他产生了嫉妒之心。不久，胤禛便发现，乌雅氏对胤禵的爱，远远超过自己。很长一段时间，胤禛陷入黑暗的深渊当中。以至于康熙一度放下政事，陪伴这个心灵忧郁的儿子。

从此，胤禛的性格开始急剧地变化，十四岁娶亲以后，依然是喜怒不定，是自卑，是佯狂，是放纵，更是对命运、生死的深刻焦虑。康熙三十七年（1698年），康熙皇帝大封诸子，大阿哥和三阿哥俱为郡王，而只比三阿哥小一岁的胤禛却只被封了贝勒，康熙对此的解释是"四阿哥为人轻率，喜怒不定"。父皇的评定，让心高气傲的胤禛在失落之中感到无地自容，胤禛动心忍性的政治性格，正是从那一天开始逐渐形成的。

漫长的学习中，胤禛发现书斋生涯的唯一亮色，来自弟弟胤祥。胤祥小胤禛八岁，两人非同母所生，从小却朝夕相处。年龄稍大时，胤禛奉康熙之命教习胤祥算术学，两位年轻的皇子感情日深。他们丝毫想不到，在几十年后，他们会用这些算术方法，去计算整个帝国的财政与税收。

康熙很快把皇子们带出书斋。从行军打仗到笼络蒙古，从察看水情到巡幸江南，康熙不遗余力地教会皇子们各类从政技巧。对于胤禛来讲，与其说他行走过大半个中国，不如说是行走在康熙的精神世界之中。康熙四十一年（1702年），胤禛随父到山西五台山礼佛，经过龙泉关时，他作诗云："隔断红尘另一天，慈云常护此山巅。雄关不阻骖鸾客，胜地偏多应迹贤。兵象销时崇佛像，烽烟靖始飏炉烟。治平功效无生力，赢得村翁自在眠。"第二年，在镇江金山的江天寺，康熙为寺院书写"动静万古"的匾额，胤禛揣摩父亲心情，作诗和云："宿暮金山寺，今方识化城。雨昏春嶂合，石激晚渐鸣。不辨江天色，惟闻钟磬声。因知羁旅境，触景易生情。"

胤禛一度天真地以为，随父出巡是一次次牧歌式的行旅。康熙四十一年（1702年）十月，康熙帝南巡，皇太子胤礽、胤禛与胤祥随驾，从此次出巡，帝国开始笼罩着皇权斗争的血腥。

南巡队伍到达山东德州时，太子胤礽病重，一行人便留驻在德

清宫廷画家绘《康熙帝南巡图卷·镇江金山寺》。故宫博物院藏

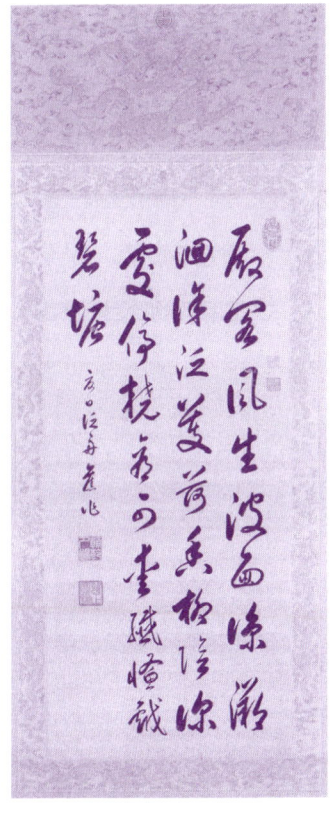

《雍正帝行书夏日泛舟诗》轴

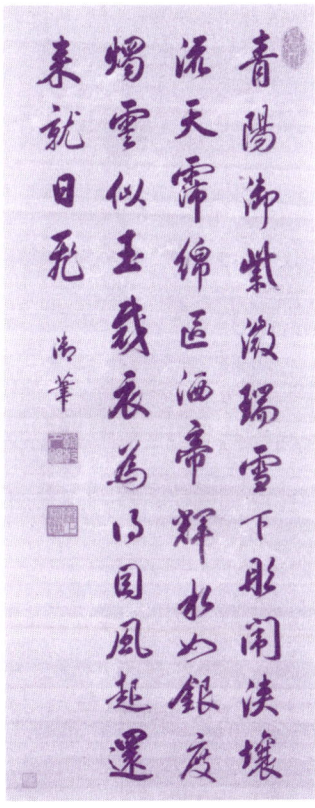

《雍正帝行书诗》轴

州。起初，康熙还兴致勃勃地与翰林院侍读学士陈元龙等谈论书法，谈到兴起处，这位骄傲的父亲引领王公大臣们来到行宫的皇子读书处，君臣们惊异地发现，胤禛模仿康熙书法的临帖，与康熙苦练数十年的书法颇为神似。

太子久病不愈，康熙决定先行回京，留太子在德州调养，同时派留守北京的大学士索额图南下照看胤礽。索额图曾是少年康熙身边的侍卫，在鳌拜权倾朝野的时候，康熙以下棋为借口召他前来，两人密计让强壮的小内监学习摔跤，等到鳌拜上朝不备时擒拿鳌拜，不动声色地除掉了这位朝廷巨蠹。清除鳌拜及其同党后，康熙才真正掌握实权，索额图居为首功，仅仅三年时间，年纪轻轻的索额图便由侍卫跃居保和殿大学士、太子太保。

作为"太子党"的首领，索额图早就开始利用各种机会提升太子的地位，树立太子的权威。在制定太子仪制的时候，索额图授意太子的衣物一律使用黄色，将其规格几乎抬高到和康熙不相上下。在平定准噶尔的战争结束后，康熙班师回朝时得知，有四个"太子党"的人在窥视他的一举一动：两个是御厨，一个是御茶房里的人，另一个是名叫德珠的随从。最终，康熙只是将这些人处死，并没有过深地追究幕后。

此时，索额图迫不及待地南下德州，他旁若无人地乘马直至太子住所中门。周围的人感到惊恐不已，根据皇家律例此举乃是大不敬的死罪，太子却不加责怪。在德州一月有余，胤礽与索额图朝夕相处，亲密无间。胤礽在德州所用之物都是黄色，其他的仪注更是仿照皇帝。很快，康熙的密探告诉康熙，索额图正在大谈杀人之事。

杀人？杀什么人？什么时候杀？是索额图要杀人，还是他害怕被他人所杀？一连串的问号难倒了康熙。索额图助太子"潜谋大事"已然是箭在弦上，他已经搜罗众多朝臣为党羽，将那些因获罪而心怀怨愤的老将老帅收入麾下，他已经成为帝国中最黑暗的势力。这些帝国的老将老帅趋奉太子，对不附己者施威震众。经历多年的政治风浪，康熙直觉到，如果他不先下手，这位童年时的政治伙伴就会抢先下手。康熙四十二年（1703年），康熙逮捕了太子党的首领索额图。

尽管索额图被拘禁，朝廷上下还是一片沉默，没有人敢出来揭发他的罪行，害怕太子登极的话，索额图出来后会大加报复。康熙不得不密令三阿哥胤祉、八阿哥胤禩前往羁押索额图的禁所。为了保密，两位阿哥把宗人府看守的兵丁也给捆了起来。在胤祉、胤禩的逼供下，索额图哀求道："奴才已无言可供，求主子怜悯，饶奴才一命。"得到胤祉、胤禩的密报后，康熙迅速而秘密地处决了索额图。

索额图虽死，太子党的活动却愈演愈烈，他们日夜窥伺着康熙的活动，起居动作，无不探听。索额图膨胀了胤礽的野心，他鞭打平郡王纳尔苏，要处死为官正直的江宁知府陈鹏年，私自扣留蒙古进献的贡马。他再也无法忍受康熙的长寿，露骨地扬言："古今天下，岂有四十年太子乎！"

索额图的"阴灵"，依然笼罩着康熙帝国。康熙四十七年（1708年）康熙帝出巡，胤禛作为办理京城事务的留守，送走了父兄们的队伍。他完全没有想到，当队伍归还北京城前后，十八阿哥胤祄会早夭，皇太子胤礽会被废除太子之位，大阿哥胤禔会被终身圈禁，八阿哥胤禩从此失去父亲的爱心，十三阿哥胤祥会神秘地消失在康熙王朝的政坛上。

一切事情的导火线，是十八阿哥胤祄患上的一场流行病——腮腺炎。胤祄是康熙最宠爱的汉族密妃王氏所生，启程时七岁的胤祄便已患病，爱子心切的康熙仍然令他随行。九月初二，胤祄病情急转直下，康熙亲至爱子的帐篷，抱着垂危的胤祄，他的心被懊悔、焦灼、痛苦吞噬着。就在此时，处于自责、绝望中的康熙注意到胤礽，这位帝国的储君、胤祄的兄长仍是那副冷漠的样子，甚至仍在谈笑自若。

康熙终于爆发，狠狠地斥责了胤礽。此时他才悲愤地发现，他容忍这位皇太子已经长达三十多年。从小到大，胤礽从来没见到过康熙的暴怒。这个逆子回帐后，鞭打随行大臣、侍卫泄愤，在随后的夜晚，他总像游魂一样在父皇的帷幄旁边游荡，扒开帐篷的缝隙向内窥视，这位从没考虑过别人心情的皇太子，此时希望通过一条缝隙窥探父亲的心。这个举动，被负责康熙警卫的大阿哥胤禔抓了个正着。他将胤礽押到父亲的帐前，并且添油加醋地汇报皇太子要行刺的企图。

此时，可怜的胤祄病故，这给康熙透支的耐心压上了最后一根稻草。康熙不知道随驾的队伍中谁是太子党的人，他喝的哪口汤里会被下毒。悲愤与失望至极的康熙决定先发制人，他召集诸位王公大臣，宣布了皇太子的诸多罪状，宣布废黜胤礽的皇太子储位，宣布完毕后康熙扑地痛哭。

就在康熙倒地的一瞬间,康熙帝国的两个偶像倒塌了。连续六天六夜,愤怒与羞愧的火焰炙烤着康熙大帝,以至于他神魂颠倒、无法入睡,废除太子是他从政以来最彻底的失败。这位自信的帝王根本想不通,胤礽受到了当时世界上最好的教育,被自己照料得那么精心,为什么会出现如此的恶行;他总是白天睡觉,夜里吃饭,连喝几十杯酒而毫无醉意,连吃七八碗饭而不知饱;他觉得自己看到了鬼魂而惊恐不安,不断地更换住所;每逢雷雨交加的夜晚,他是那般地惊恐万状,以至于不知躲向何处;在祭祀上天时,他是那样地惶恐不安,无法恰当地执掌仪式……

在愤怒的狂澜中,康熙下令将索额图的儿子格尔芬、阿尔济善等六名党羽立刻诛杀,将索额图家族斩草除根,以绝后患。

这是一个充满悬疑与杀机的九月。康熙命大阿哥胤禔监视胤礽回到京师,将胤礽囚禁在上驷院旁边的毡幄之中,交由大阿哥胤禔、四阿哥胤禛和九阿哥胤禟看守。大阿哥胤禔首先凶相毕露,尽管康熙已经明确表示,大阿哥秉性躁急、愚顽,朕没有立胤禔为皇太子之意,但胤禔已是利令智昏,竟然奏请杀掉胤礽,并且急不可耐地表示,如果父皇想要杀掉胤礽,不必皇父出手。康熙气得脸色煞白,他万万没有想到,自己这个大儿子的心肠竟然如此歹毒。

上驷院旁边的毡幄里,胤禛焦灼地想拯救废太子胤礽。他反复揣摩过康熙的心情后,大胆地在康熙面前多次保奏胤礽。胤礽也明知道自己前途、性命未卜,但仍希望阿哥们替他陈奏自己的辩白,"父皇若说我别样的不是,事事说的都对,只是弑逆之事,我实无此心"。大阿哥胤禔严词厉色地拒绝了他的要求,但在胤禛的坚持下只得同意上奏。康熙闻奏，拿掉了胤礽项上的锁链。

正当废太子将被永久地打入冷宫之时，三阿哥胤祉向康熙揭发了一个令人发指的阴谋：大阿哥胤禔与蒙古喇嘛巴汉格隆有来往，希望用巫术镇魇胤礽，并且在自己的寝宫里，将镇魇物件埋藏十余处，幻想着这位蒙古喇嘛能够咒死自己的亲兄弟。下人们在大阿哥的房间里搜出魇魅之物的当天，上驷院里发生了一件奇怪的通灵事件——废皇太子胤礽突然发疯，做出各种奇怪的举动，比如，突然要寻死觅活地自杀，守备们不得不牢牢地将他抱住。瞬间，他清醒过来，惊异地问周围人方才他做了什么。

康熙那颗本来柔软的心，此时再次软化下来。他从前一度认为废太子已经无药可救了，但搜出镇魇之物后，康熙开始相信这是因为废太子被魇魅缠身所致。曾经，太子的堕落让康熙陷入无穷的苦恼之中，如今，这个让康熙想不通的问题"真相大白"了，皇太子的失常是大阿哥胤禔的阴谋所致。按照律例，大阿哥已属死罪，大阿哥生母惠妃也向康熙帝奏称胤禔不孝，请置正法。康熙不忍杀死自己的亲生大儿子，只是革除了他的王爵，将他终身幽禁。

虽然多年以来，康熙制定了严格的宫中秩序，太子党仍能想尽办法，从江南买来年轻貌美的少男少女，送给胤礽。康熙一直不敢承认胤礽有同性恋的倾向，但是他了解胤礽时常去撷芳宫和那些宫外的女人幽会。那是黑暗、阴森、肮脏的地方，许多住在那儿的人都得病死了。笃信萨满宗教的康熙相信，在胤礽某一次享乐时，幻化的"邪魔"附入他的体内了，胤禔只是激发了这个"邪灵"。

一切罪恶的根源来自索额图。无论是太子骄奢的开始，还是权力欲望的过度膨胀,乃至他萌发了谋反之心。康熙向天下宣布:索额图是本朝的第一罪人。此时,索额图已死,他的儿子们已死,他的亲信们已得到了控制。不过,他不散的阴魂,依然笼罩着康熙的帝国。

第二章 ﹀﹀﹀ **第一闲人**

胤禛盘膝趺坐，双目微合，眼观鼻，鼻观口，口观心，敛神入定。香烟袅袅，他逐渐忘却，他延请的迦陵音大师①就在他身边，陪他打坐。

胤禛觉得自己真正离开了这个争权夺利、冷酷相残的世间，他的心仿佛慢慢腾起一小朵火花，外沿着他的十二经络缓缓飘荡，火花飘回丹田，从丹田顺着他背后的腧穴慢慢向上走，通过大椎穴升上百会穴，从百会穴倏地升到了空中。

天地间只剩一片红黄色的光芒。光芒中他仿佛趺坐在一朵巨大的莲花上，他恍然感动而顿悟，心底里已经没有一丝自卑、优柔、怯懦、烦恼。天地一空。

他极其满足地缓缓飘回自己的身中、心中，敛气定神，睁开眼睛，口中自语道："七尺之躯，不过地水火风，自然彻底清净……封王、称帝、登仙、成佛，全在自心。"

---

① 迦陵音大师：清代早期一位著名的禅僧，临济正宗第三十四世嗣法传人。他在晚年遇到后来当了皇帝的雍亲王胤禛。胤禛在藩邸时，延请迦陵音为上宾，时常与其省究禅宗精义，甚至引其密参帷幄。

迦陵音禅师双手合十,满脸欣喜地说:"恭喜王爷,贺喜王爷,王爷已彻悟了。"

胤禛从初参禅宗意境的惊喜中出来,发现自己身在康熙五十一年(1712年)春正月二十日,自己的府邸——雍王府中。那年春天,胤禛游历自家府邸附近的柏林寺,遇见了迦陵音禅师,相谈之下竟有见性成佛的喜悦,于是产生了随僧众坐禅的想法。

胤禛早年便喜佛法,在年轻时出钱雇人替自己出家,不过,那时胤禛只喜欢烧香拜佛之类的有为佛事,对于无迹可寻的禅宗则不以为然。这年春天,他结识了帝国国师章嘉活佛,从此,他的思想突变,喜欢上了这位无迹可求的禅宗。

从雍王府出来,胤禛满怀欣喜地拜访章嘉活佛。章嘉活佛是康熙身边的红人,因为他在青海、内蒙古一带有崇高的名望,康熙指

清造办处《铜鎏金章嘉活佛坐像》。故宫博物院藏

雍和宫鸟瞰图

《雍和宫碑》阳拓片（左），
阴拓片（右）

碑文记载了雍和宫的历史沿革。
碑现存于北京雍和宫

令他管理内蒙古地区的宗教事务,与西藏的达赖喇嘛分庭抗礼。章嘉活佛听得胤禛的悟境,淡淡地一语道破:"王爷只是初步破参,就好像是针破纸窗,从针孔窥天,然而天体如此广大,针孔中所见,更是一种偏见。"

胤禛不禁一阵沮丧,恼人的现实又排山倒海地出现在他眼前。他会想到父皇康熙,想到他对保卫皇权的种种努力,想到康熙四十七年(1708年)那场夺嫡的风暴。

那年,皇太子胤礽被废黜后,八阿哥胤禩成为最耀眼的新太子候选人。康熙任命他为署理内务府总管事,并查处原内务府总管凌普。凌普本是废太子胤礽的奶公,康熙为了让他照顾胤礽,派他做内务府总管,但凌普却依仗太子的势力横行不法,这次康熙第一个就拿他开刀,彻底打击了太子党。内务府总管事这个职位非同小可,只有出了皇帝、皇太后去世等大事时,才由皇子或者亲王来担任这个重要的总务职务。

大阿哥胤禔被永远地圈禁之前,也向康熙举荐皇八弟胤禩。他举荐的方法如此拙劣,使这场举荐更像是一场陷害,他竟然把一个算命者的话转述给康熙。这位术士叫张明德,在京城内各位王公大臣府邸间钻营,他相信胤禩有成为帝王的贵相。

这个胆大妄言的算命者引起了康熙的怀疑,他立即派人追查。这个看相的张明德曾经对胤禩说过,皇太子行事已经穷凶极恶,他有十六名好友,都是武艺高强之人,可谋行刺。胤禩听此说法,竟然微笑不言。

在内务府总管的任上,胤禩没有把握住康熙这次对他重用的机会。他依然按照一向宽仁的态度，希望草草结案，放凌普一马，顺便讨好内务府上下的官员。康熙闻讯大怒，胤禩此举无疑是想收买人心，谋取皇权。康熙把众皇子召到乾清宫，公布胤禩的罪状，宣布要锁拿胤禩："胤禩柔奸成性，妄蓄大志，朕素所深知。他的党羽早就相互勾结，想要谋害胤礽，今天我要锁拿胤禩，交与议政处审理。"

朝堂之上，皇子们竟然公开与父亲发生争吵。九阿哥胤禟、十四阿哥胤禵竟身带毒药，前来阻谏。父亲的话音刚落，年少气盛的胤禵马上奏言："八阿哥无此心，臣等愿保之。"康熙怒斥道："你们两个要指望他做了皇太子，日后登极，封你们两个亲王吗？你们的义气，我看就是梁山义气！"年仅二十一岁的胤禵回语激动，以死发誓保胤禩没有谋反之心。康熙气得不行，喝道："你想死容易得很，我现在就要你死！"说完真的当场拔出佩刀，砍向胤禵。幸好五阿哥胤祺反应快，他赶紧上前一把抱住康熙的腿，跪求父皇息怒！众皇子见康熙被抱住，也赶紧叩首恳求康熙收回佩刀，康熙余怒未消，把佩刀扔在地上，命诸皇子将胤禵责打二十大板，然后将胤禵和胤禟两人逐出。

诸位阿哥身带毒药、视死如归的表情，将一直刻在胤禛的记忆里。随后，胤禩被革去贝勒，贬为闲散宗室。张明德情罪极为可恶，被下令凌迟处死。胤禩一党的阿哥与王爷们，被康熙逼迫观看张明德被一刀刀割肉剔骨的惨状。

那年的十月，从来不知什么是病的康熙，得了一场大病。一回忆起往事，这位五十五岁的老人总是流涕伤怀。他已经悲哀地预感到，他死后皇子之间必将有一场厮杀。他的头脑中，会反复地勾勒齐桓公的故事。春秋五霸之一的齐桓公死后，尸体尚没入殓，五个儿子便开始武力争夺王位，有的儿子在尸体旁边哭泣，有的儿子以箭射自己的兄弟。正在哭泣的儿子一看有箭射来就躲了，躲在尸体的下面，乱箭就射到齐桓公的尸体上。

康熙对阿哥们说："朕死之后，你们刚刚把我的尸体放在乾清宫那儿，还没来得及安葬时，便会'束甲相争'了。"康熙此刻正悲苦地想象着一代霸主齐桓公的尸体。齐桓公死了之后六十七天没有发丧也没有入殓，尸体腐烂以后，蛆从耳朵里面爬出来。此时，这位脆弱的老人一厢情愿地笃信，废太子胤礽的行为属于"中邪"。此后的日子里，康熙多次对胤礽加以询顾，与臣下的言谈中特意流露出欲复立之意。几十天后，康熙大概估算着满朝文武皆了然其心。他召来宠臣李光地，语义双关地询问废皇太子的病"如何医治，方可痊愈"。皇帝在启发这个伶俐的臣下提议复立胤礽。李光地的回答同样语义双关："徐徐调治，是天下之福。"

对臣下的吹风完毕后，康熙帝又召满汉文武大臣齐集畅春园，指令这些帝国的精英，从诸位皇子中选举出堪任皇太子之人，康熙信誓旦旦地表示自己的民主："无论众议推选出哪位，朕即从之。"他根本没有料到，大臣们早已带着阴谋聚集于此。大学士马齐先到，对另一位大学士张玉书吹风说，众人欲推举八阿哥胤禩。当众臣齐聚时，理藩院尚书阿灵阿等人在手心中书写"八"字密示诸臣，大臣们"民主"选举的结果是一致推举胤禩。

康熙完全没有料到，一向乖巧的大臣们已无心洞察他的"圣意"。他不得不尴尬地说:"皇八子未曾办理过政事,近又犯下重罪,而且他的母亲出身微贱,故不宜立为皇太子。"康熙特意传谕李光地,毫不掩饰自己的愤怒:"前日召你入宫,曾对你有过暗示,你今日何无一言?"

第二天,康熙再次召集所有的重臣与诸王,絮絮叨叨说着自己的梦境,说他梦到太皇太后孝庄文皇后,还梦到胤礽的生母孝诚仁皇后,都是"颜色殊不乐"的样子。两位德高望重的已故之人成为康熙重立太子的台阶。康熙已不顾出尔反尔的尴尬,亲自向众臣宣布:"皇太子前些日子因为被魇魅,本性却没有湮没。加以调治,如今已经痊愈矣。"满朝官员诺诺称是,很快胤礽得释。同时,康熙大封诸位皇子,以图安抚。他封胤禛为雍亲王,同时赏赐他一处住所,这就是日后名闻天下的圆明园。同时,重新封赏胤禩为贝勒。

胤禛与其他皇子完全明白,皇太子复立只是康熙政治中的饮鸩止渴。此时,康熙只是急于对结党的皇子们进行反击,尤其是阻击咄咄逼人、人气红旺的皇八子胤禩。

明月平静地悬在空中,银光如水,从胤禛头顶百会穴灌入,泄至周身,如雪的月光,在这个宁静的夜中显出澄静。

胤禛又来到了无垠的林莽,心中忽然放大光芒,他顿悟:"山者山,河者河,烦恼者烦恼,色香味触法者色香味触法——尽是本分,皆是菩提。"不觉中,出了一身透汗,径自回到了雍王府自己的趺坐所在,坐在康熙五十一年(1712年)二月十四日的深夜里。

在明澄的心境中,康熙王朝中两立太子的国统大事,已清晰得如一枚草芥,可以捏在手指间。太子胤礽再回东宫后,首先反思了

《雍正帝行乐图册·喇嘛装》，故宫博物院藏

雍正帝自视为不着僧服的野盘僧，他有一首题为《自疑》的诗："谁道空门最上乘，谩言白日可飞升。垂裳宇内一闲客，不衲人间个野僧。"因此在他扮演各种角色的行乐图中，也有身着喇嘛活佛衣帽的形象

第一次被废的教训，认为自己的失败在于手中没有兵权，对康熙、对皇子们没有根本的震慑能力。这次他甫一上台，就把步军统领托合齐、兵部尚书耿额、刑部尚书齐世武等人纠合到自己的身边。

步军统领全称"提督九门步军巡捕五营统领"，是京城内威风凛凛的"九门提督"，掌京城守卫、稽查等诸多安全事项，统辖部队数万，官至正二品。胤礽把这样重要的职务握在手里，自以为得计，殊不知他"魔高一尺"，他那些皇弟的道行也"高了一丈"。

胤禛党人想出了一个奇特的政治手段。工部右侍郎揆叙与理藩院尚书阿灵阿等人大笔花钱，买通能言善说的下人，在官民聚会之所散布各类不利于皇太子的小道讯息。很快，太子的各类小道讯息，从京城内外一直散布到江南各省。帝国的各阶层人都知道，太子时常派家奴前往各省的富裕地区，勒索钱财与美女，地方稍有不从，就会受到太子疯狂的报复。

大量的江南美女被送入了东宫，这让胤礽的妻妾们日益形容消瘦、满面病态，胤礽随意地诅咒、打骂他的妻妾、随从。康熙每天派出十个侍卫去监视胤礽，可是太子根本不把这些侍卫放在眼里，依然让那些龌龊邪佞之徒出入其门庭。康熙发现，这些可怜的侍卫官总是极度疲劳，满面愁容，不胜惊恐，他终于意识到，如果太子再次被废黜，这个世界上已经没有人会为他哭泣。

索额图的"阴灵"再次回来了。康熙五十年（1711年），康熙帝发觉步军统领托合齐、刑部尚书齐世武、兵部尚书耿额等朝廷重臣暗通讯息，托皇太子为名结党会饮。耿额原本是索额图的下属，一贯对索额图忠心耿耿；托合齐本属索额图一党，前次废太子事件时，康熙对他法外开恩；兵部尚书耿额的父辈、祖辈是索额图的家奴，更有为索额图报仇的动机。

康熙借一个微不足道的贪污案，将皇太子党尽数绞杀，而且死状非常可怕：刽子手用铁钉将原刑部尚书齐世武身体钉在墙壁之上，齐世武号呼数日而后死；步军统领托合齐在狱中病死，尸体却被锉骨扬灰；耿额被判以绞刑；鄂缮被幽禁。

托合齐的尸体被锉成灰烬，消灭在光天化日之下，索额图的"阴灵"彻底地消散了。康熙的恐怖死刑，却不可能浇灭各位皇子夺权的野心。就在那一年，在参加对步军统领托合齐的审讯时，胤禛便已经暗自留意，皇太子企图夺权的关键人物，就是步军统领——掌控京城九门之钥匙与京城三万八旗劲旅的总管，托合齐的下一任隆科多，他将成为胤禛成功登极的最关键人物。

那年初冬，康熙巡视塞外回到北京畅春园当天，轻描淡写地准备好了对皇太子的废黜。在畅春园里，朝廷重臣、几位管事的大太监跪在地上，双手被捆在背后；几位皇子站成一排，双手被捆在胸前。康熙刚刚从龙辇上下来，便公布皇太子的罪责："皇太子胤礽自复立以来，狂疾未除，大失人心，祖宗弘业断不可托付此人。"从此，胤礽的太子储位永远被废除了。

胤禛注意到，康熙帝第二次废黜太子时，已经毫不介意，甚至在塞北巡猎之后，在回到畅春园的余暇间，谈笑间就将自己培养了三十八年的儿子，永远地圈入了高墙之内。八爷党的皇子们会很轻易地下结论：父亲已经像一只屡被咬伤的狮子，伤口只能燃烧起他更旺盛的斗志。

胤禛还意识到，索额图被消灭的"邪灵"，已经进入了康熙大帝的身体之中。康熙的"中邪"，不是因为本身的贪暴，而是因为他爱得太深，忍受得太难，最终恨得过切。

康熙、太子……这些纠缠的政治死结是心魔，是生死，也是一粒最普通的芥籽。胤禛心情清爽地问证章嘉活佛。章嘉活佛微笑，道："王爷于大死大活之中，参破了禅宗的第二关。此关境智融通，色空无碍，是则名为透重关。但王爷的见识只是进了一步，比如，出在庭院中观天矣。然天体无际，毕竟还没有完全参透，王爷当更加勇猛精进。"

胤禛心中会意。他将章嘉活佛的话试问了高僧迦陵音，没有料到，精通佛法的迦陵音竟然对这种境界茫然不解，胤禛微笑一下，更不解释。

此时，只有胤禛与三阿哥胤祉把康熙大帝看成一个孤苦的老人。

在诸皇子争夺皇位日渐激烈之时，两位阿哥却独善其身，极力表现出对皇父的诚孝。康熙帝第一次废太子后重病缠身，只有胤祉、胤禛两人含着眼泪一次次劝请康熙就医，并且愿意冒死为康熙寻找大夫。

康熙与他的帝国进入了老年。在生命的后期，康熙一共十八次来到胤祉的花园里散心。这一度给了胤祉以飘飘然的错觉。三阿哥胤祉听说江南武进县有名叫杨道升的人"颇通天文"，便请进府里，希望能从《易经》八卦中了解自己成为储君的可能。

康熙一向对窥视东宫之举恨入骨髓，此番对待三阿哥胤祉却如此宽容。这与其说是对胤祉的纵容，不如说是一种同情——这位带着书呆子气的儿子，能够笼络陈梦雷、方苞等旷世大儒去编辑中国第二部大类书《古今图书集成》；能够跟随西方传教士学习音乐，编写精湛的音乐理论大书；能够遣何国栋等人分赴广东、云南等地，根据太阳的影子测量地球的长度……但是，这位温文尔雅的皇子，其夺嫡的着力点竟然如此地学术化，完全找不到重点。

康熙五十二年（1713年）正月二十一，胤禛在雍王府的堂中静坐。无意之中，忽踏最后一关。所谓："家舍即在途中，途中不离家舍，明头也合，暗头也合，寂即是照，照即是寂，行斯往斯，体斯用斯，空斯有斯，古斯今斯，无生故长生，无灭故不灭……"

刹那间，胤禛心地一片空明，他已经"直透三关"，达到禅僧们很难进入的境界。他飘然欲佛，转眼间已经身在国师章嘉活佛处。章嘉活佛望见胤禛时，心中便已了然："王爷已经得到了大自在的境界！"胤禛说了一个话头："还会有事吗？"章嘉活佛伸展两手道：

"还会有什么事呢？"随后，他将手一挥道："就是有些小麻烦，也不在话下了。"

此刻，胤禛会借助禅定的智慧，微笑地看着在人间为皇权奔忙的"八佛"胤禩。当康熙永久地废掉胤礽皇太子之位时，胤禩天真地以为，康熙会有对皇太子的第二次"民选"。他竟然直接去问康熙："我该怎么做，是否应当装病，以免再次发生大臣们举荐我的事情？"这样掩耳盗铃式的问询，显然更是迫不及待的刺探。

胤禩身上蔓延的"柔奸"，总让康熙想起他的母亲卫氏。那个妖娆的女人，曾是美冠后宫的女人，甚至唾液都含有芬芳的气息。这个女人的父亲阿布鼐因"负恩失礼"被处死，他的全家被编入辛者库罪籍。"辛者库"是满语，翻译过来就是"洗衣房"，专门收容旗籍重犯的亲属，从事各种贱役。从这个出身来讲，卫氏不仅在康熙的后宫中是最低贱的嫔妃，在整个清朝的受封妃嫔中，卫氏家族的地位也是最为卑下的。

这个女人曾注定是个干粗活的宫女，湮没在成百上千个宫女之中。在她卑贱的一生当中，或许只能有一两次与皇帝擦肩而过的机会。但是，就是这么一次的擦肩而过，风姿绝代的她竟然被康熙一眼看中，成为康熙三百后宫中的一位。

胤禩那种让人情不自禁服膺的政治魅力，与卫氏那妖娆的女人魅力完全相同。康熙不知不觉间便将八阿哥混同于这个女人。他不知道，胤禩正是因为母亲出身低贱，才激发了他奋发向上的精神。他自幼聪明机灵、工于心计，不但千方百计地讨得康熙欢心，而且尽量交结可资利用的各阶层人物。他只是请江南文士在南方各地采购图书，便赢得天下文士的好感，称他"极是好学，极是好王子"。

康熙四十七年（1708年）的"民选"太子之事，胤禩一人得到了几乎所有重臣的选票，康熙在震惊之中感到了嫉妒与恐慌，他花费了几个月时间，暗中了解八爷党的名单。推举胤禩之人，竟然包括朝廷砥柱大学士兼议政大臣马齐、康熙的舅舅兼岳丈佟国维、工部右侍郎揆叙、户部尚书王鸿绪、贝子苏努等满汉重臣。这些高官显贵，把胤禩看成"现世佛"，那场高票通过的"民主选举"，更像是对康熙的一场"逼宫"。

索额图的"阴灵"是狂躁的，胤禩的魅惑却更加危险。康熙要在自己的帝国中，清除胤禩的影响。第二年，康熙在朝堂之上旧事重提，大骂马齐等国老："如今，马齐、佟国维竟然与胤禩结为同党，欲立胤禩为皇太子，殊属可恨！你们难道不知道，胤禩一系累世为罪人、他的母亲出身贱族吗？"

马齐被训斥之后，忍不住抗辩了两句。康熙气得火冒三丈，这个五十六岁的皇帝，完全不顾体统，竟然跳下御座，当着众人的面，去厮打那位五十八岁的老臣。朝堂之上一片乱糟糟，被打的马齐气愤难平，竟然毫无惧色地拂袖而去。随后，马齐被夺职拘禁，其弟马武也被革退，户部尚书王鸿绪被责令退休，康熙对朝中的八爷党进行了一次清洗。

帝国还要运转，康熙不久后便让马齐复出，出任武英殿大学士兼内务府总管，以维持满汉大臣间的平衡。胤禛则清楚地发觉，貌似温和的胤禩一党拥有着巨大的政治能量。胤礽被囚禁在高墙之外，胤禩党人能轻松地消解他东山再起的可能。

在北京北部的郑家庄里，废太子胤礽无时无刻不在等待着他的复出。整整四年以后，他寻找到一线生机：准噶尔部率众骚扰哈密，朝廷将派兵征讨。这是胤礽逃离圈禁的机会，他趁医生贺孟来给自己福晋看病的机会，用矾水写信给正红旗的都统普奇，让他想办法保奏自己为大将军出征。

胤礽的矾水邮件，激起了爱新觉罗家族尘封了二百年的幽魂。二百年前，努尔哈赤的太子褚英，也是因为骄奢不法，被努尔哈赤永远地打入冷宫。将近二百年后，这支宗室的不安分者，总有为褚英报仇之意。如今，第一代废太子家族之后普奇，得到了新废太子胤礽的请求，因而陷入犹豫当中。另一位褚英之后阿布兰则向康熙告发，公开向胤禩一党示好。康熙拘禁了普奇，将贺孟打为斩监候。

在东宫争储最白热化的时候，康熙与皇子们惊讶地听到了一阵刺耳笑声：

我笑那李老聃五千言的道德，我笑那释迦佛五千卷的文字，干惹得那些道士去打云锣、和尚去敲木鱼，生出无穷活计。又笑那孔子老头儿，你絮絮叨叨说什么道学文章也，平白地把些好人弄死。住住住，还有一笑，我笑那天上的玉皇，地下的阎王，与那古往今来的万万岁，你戴着平天冠，衣着衮龙袍，这俗套儿生出什么好意思，你自去想一想，苦也么苦，痴也么痴，着什么来由，干碌碌大家喧喧嚷的无休息。

这笑声来自胤禛。在杀机四伏的政治圈子里，胤禛学会了禅宗

《胤禛道装双圆一气图像》轴。故宫博物院藏

雍正帝与道士的交往，从在藩邸时就已开始了，他即位后也频繁地与北京白云观等处的道士往还

那种超脱的大笑。这首胤禛喜欢的《布袋和尚呵呵笑》一诗，印证了他表面上超脱无争的心境。康熙王朝里，诬陷、诅咒、暗害，储位争斗到了白热化时，胤禛却自命为"富贵闲人"，经常跑到雍王府邻近柏林寺里去和那些和尚参禅论道，谈论佛法。

此时，雍王府上下，总是香烟缭绕。"道许山僧访，棋将野叟招；漆园非所慕，适志即逍遥。"这位"天下第一闲人"吟诵着自己创作的诗歌，不仅时常成为"灌顶普善广慈大国师"章嘉活佛的座上之宾，更经常以王爷之尊，跑去和山僧野叟闲谈，和三教九流打交道。

胤禛的闲散，让雍王府里的亲信们感到茫然。他的心腹戴铎冒死写给他一封信，公开地为他继承大统出谋划策。对皇父要诚孝：适当展露才华——不露才华，英明之父皇瞧不上；过露所长，同样会引起皇父的疑忌。对兄弟要友爱：大度包容，和睦相待。对事对人都要平和忍让：能和则和，能结则结，能忍则忍，能容则容，使有才能的人不忌恨你，没有才能的人把你当作依靠。戴铎露骨地表示，雍王府中岂无一二才智之士，如果主子加以栽培，使其成为朝廷重臣，未尝不是主子未来登极之后的倚仗。

胤禛的回答几乎让戴铎心碎："你的说辞虽然是金石之语，但是，对于我来讲却没有任何用途。当皇帝是件大苦之事，我避之犹恐不及，又怎么能做出夺嫡之举？"

那封写给戴铎的信，骗过了康熙与诸位皇子。没有人留意，胤禛不久后开始翻修他的圆明园。在圆明园的湖心岛之上，他重新装修了自己的住所"万方安和"，将这里的房屋呈"卍"字形排列。康熙五十五年（1716年）秋，雍王府的门人戴铎在武夷山遇到过一个

清宫廷画家绘《圆明园图咏册·万方安和》木版印。故宫博物院藏

"圆明园"，名称为康熙帝所赐，雍正释义："圆而入神，君子之时中；旺而普照，达人之睿智也。"雍正三年（1725年）八月，圆明园蔚成大观，雍正首次驻跸，此后经常在此办公，往来于圆明园与紫禁城之间，使得两处均成为清朝的政治统治中心

颇有灵通的道人，戴铎便拿了胤禛的名字问及前程。结果这道人写了一个"卍"字。胤禛一语双关地给戴铎回信说："你能够遇如此等人，是你的造化。"

在这座"卍"字形的房屋里，这位"天下第一闲人"心中清楚，他已经悄悄地度过了皇子们党同伐异的禁区，小心翼翼地解除了康熙帝对他可能结党夺嫡的怀疑，他已经潜入康熙王朝夺嫡大戏的幕后，可以从容地摆布自己的角色，不动声色地从"卍"字王爷，向"万岁"皇帝的身份迈进。

"炉中若无真种子，纵遇神仙也枉然。"几年以后，登极后的胤禛会用这半是自得、半带禅意的话，回顾自己"天下第一闲人"的岁月。

第三章 ∨∨∨

帝国梦魇

康熙六十一年（1722年）十一月十三日，是康熙王朝中最漫长的一日。王朝中的所有王公大臣贵族百姓，对这一天充满了各种设想，但是，这一天来得实在太突然了。

八阿哥胤禩远远地望着康熙的尸体，在众多阿哥的围绕下，这个叱咤风云的大帝的身躯，看上去如此地瘦小枯干，弱不禁风。此时，胤禩听到周围哭声一片，方才四阿哥胤禛哭得昏死过去时，周遭一片混乱。

这一切是一场梦魇，是他做过的最残酷的梦境。胤禩不顾失礼之处，走出那间充满死亡的屋子。他可以想象得到，康熙那张开始僵硬的脸上，依然留着对他的嘲讽之意……胤禩清晰地记得，那张充满皱纹的脸，从康熙五十三年（1714年）十一月二十六日那天起，就再也没有对他露出过一丝笑颜。

那年的十一月二十六日，是他的母亲卫氏两周年的祭日。母亲出身微贱，一生受尽了宫廷人们的冷遇和白眼。只有作为儿子的胤禩，才了解卫氏心底的挣扎与寂寞。卫氏病故一段时间后，他每天都望着屋内母亲的画像失声流泪。母亲走了，这个世界上再也无人

清宫廷画家绘《雍正帝行乐图》之九。故宫博物院藏

了解胤禩的孤单与委屈，甚至在一个月后他仍需要让人搀扶。

不过，胤禩的悲伤却被康熙讽刺为"沽名钓誉"。就在卫氏年老色衰之时，康熙还是将她封为良嫔，不久升为良妃。康熙的讽刺，只是讨厌胤禩的夸张造作。不出康熙所料，胤禩的悲伤，再次引起朝廷上下，尤其是文人集团的同情。

还是这一天，也是康熙前往热河进行秋狝之日，胤禩因为母亲的祭日无法随行，但胤禩还是进献给康熙两只海东青，为父亲的秋猎助兴。海东青是满洲人心中力量的化身，当康熙兴冲冲地接收海东青时，发现那两只海东青已经奄奄一息。

在这个疑云笼罩的"海东青事件"中，虽然有人认为海东青与八阿哥胤禩都是被人暗算的，但是康熙已经愤怒了：这奄奄殆毙的海东青，成为对年老多病的康熙大帝最恶毒的嘲讽。康熙心脏一阵疼痛，差点昏死过去。

他当即召诸皇子，撕碎了他与胤禩之间最后一道温情的面纱，也粉碎了对良妃的温情，声称胤禩为辛者库的贱妇所生，自幼心高阴险，如今再行诅咒，胤禩之危险倍于二阿哥。康熙最后高声断喝："朕与胤禩父子之恩绝矣！"

那两只垂垂将死的海东青，成为康熙与胤禩共同的梦魇。在长达两年的时间里，胤禩都活在这个噩梦之中。他不愿意见人，对其下属也避而不见。散心时，也只是带着几位随从人员在各处潜行，

清宫廷画家绘《老年康熙帝像》轴。故宫博物院藏

见人即行躲避，停驻时设有哨兵，胤禩的诡秘行为引起了康熙的进一步怀疑。他特派十四阿哥前去探询，甚至令人将胤禩解送御前。

整整两年，胤禩都无法消除这无妄之灾带来的委屈与抑郁，那场令人终生难忘的梦魇，终于通过伤寒发泄出来。在病榻之上，胤禩自请御医诊治病情，却不肯服药，他对御医说："我是在皇父前获有重罪之人，数年没能够仰见父亲的天颜，如今还有什么脸面求生！"康熙看到了御医的奏折，只是简单地批复"勉力医治"四字。

在畅春园附近的八王贝勒府的病榻之上，胤禩在死亡线上数着日子。他已经把死亡当成一种特殊的倒计时，他唯一的希望，就是在生命的最后一刻，再看一眼自己慈祥的父亲。

此时，康熙正在塞北巡猎，却接到了御医一封紧似一封的奏报。起初，他给御医回复口气严厉的朱批："胤禩从小就好信医巫，被无赖小人哄骗，吃药太多，积毒太甚。此病如果幸运痊愈，那是他的造化，倘若毒气不净再用补剂，似难调治。"但很快，康熙开始坐立不安了，他草草地结束塞外之行。巡行的大军渐渐地接近了北京城，接近了康熙将入住的畅春园。就在畅春园附近的花园里，垂死的胤禩等待着自己的父亲。

康熙陷入平生以来最尴尬的选择中。康熙的一生都苛刻地保持着身体的纯净，他小心翼翼地保护自己的身体，只要是秽恶之处，绝不亲临；在外出中遇到垂死的人、不洁的病人，务必要躲避。康熙希望去安慰伤心的儿子，却唯恐沾染上疾病的晦气。在回到畅春园的前一日，康熙让诸皇子商议胤禩是不是需要搬回城里的府中治疗。

这不是因为康熙的绝情,只是他近乎病态的迷信。皇子们体察康熙的意图,就决意要把胤禩搬回城里,只有九阿哥胤禟大唱反调:"八阿哥如此病重,这时候要是搬回家里,万一不测,谁来负责?"康熙得知胤禟如此回复,愤怒中更带尴尬地说:"八阿哥如果搬回城里,万一发生不测,不准推诿说是朕让他回家的。"

废太子胤礽曾经沾染过可怕的"邪灵",垂死的胤禩是否会带来恶毒的咒怨?胤禩病重期间,康熙让与胤禩相好的胤禵会同太医相酌调治,随即令他心中的八爷党佟国维、马齐、阿灵阿、鄂伦岱等共同看视,竭力调治。一个月后,胤禩大病初愈,康熙询问胤禩:"朕此处无物不有,但不知与尔相宜否,故不敢送去。"

胤禩被康熙感动了。他挣扎着虚弱的身体,跪在初冬的宫门之外,诚惶诚恐地请求康熙:"父皇用'不敢'字眼,作为儿子的承受不起,请父皇免用两字。"康熙冷冷地斥责道:"你往往多疑,尤其是在这些无用之处。"不管怎么说,胤禩与康熙都熬过了这道门槛。康熙恢复了他的俸银、俸米,并交付他办理一些重要政务,在随后的几年里,胤禩每年都随同康熙巡幸热河,有时候还随同康熙到木兰围场打猎。

康熙五十六年(1717年)的冬天,在空荡荡的紫禁城里,康熙觉得寒彻骨髓的孤独。在龙椅上坐了五十多年,他熟悉的那些面孔大部分已经作古。如今,他上面的牙齿已经掉了一半,声音含混而嘶哑,阵发的头晕,让他总能感到死亡来临前的恍惚。

他总能记得,自己刚刚登极时,鳌拜等权臣正横行朝野,年幼的他在祭祀时总是祈求一个充满童心的愿望:希望自己活到胡子与头发变白的那一天。五十多年过去了，有人看到康熙的胡须变白，愿意奉上乌须的良药，康熙却微笑着拒绝了。他将缓慢的衰老看成是岁月的祝福："从古到今，这能长出白胡子的帝王有几个啊？等到我的头发胡子都白了，那倒真是千秋佳话了。"

衰老的吞噬，没有丝毫的诗意可言。两年前，康熙的右手突然变得不听使唤，但他怕内侍擅权，更害怕胤禩一党乘虚而入，拼力用左手批折子。此时，他逐渐地眼花耳背，和老臣李光地商量立储之类的重大事情时，两位老人的交流都是采用笔谈的方式，把话写在纸上，怕声音大了被胤禩一党的太监们偷听。而每张纸写完的时候都会被撕碎，处理干净。

这年的冬天，六十四岁的康熙因稍受风寒，腿膝疼痛，咳嗽声哑。这时候，他还为皇太后的病危而焦虑操劳，康熙的脚过于浮肿，他咬牙用棉布缠在脚上，让人搀扶着下地走路，头晕的症状让他无法集中精力。当皇太后去世后，他已经容颜憔悴，皮骨仅存。

被死亡的幻觉折磨了半年之久的康熙，终于向死亡屈服。他召集诸皇子征询建储之事，他甚至把抱病在家的李光地从福建召回京城。帝国内，沉寂了五年的建储谜底即将揭开。不过，九阿哥胤禟竟将康熙的最后一次建储议会搅乱。

胤禟自认为自己很低调，身边人却把这"低调"看成是肤浅与狂妄。他喜欢对人说起母亲生他时"梦见太阳进入怀中，又梦见北斗神降"，这梦无疑是当皇帝的征兆。他又说自己幼时耳患疮毒，昏迷的时候忽然听到一声巨响，整个殿梁间甲神围满，他的病随即就好了。胤禟说这是祥瑞，但同时他却摆出心志淡雅的样子。在康熙希望托付一生的朝廷会议上，在王朝精英的众目睽睽之下，这位"低调"的九阿哥再次忘乎所以。在胤禟的陈奏中，说及东宫建储一事大言不惭，话语极其"悖谬"，被康熙严厉斥责，朝议不欢而散。是夜三更天，康熙想起胤禟这些大逆不道的言语，越想越怒，最后竟然中夜起坐，夜不成眠。

第二天，"低调"的阿哥胤禟托病躲开了朝议，康熙只是发表了一部长篇谕旨，草草结束了此次建储会议。康熙将这篇谕旨当成自己的政治遗言："这世上没有人能够长命百岁，那些帝王很忌讳谈死，弄到最后，连写遗诏的机会都没有。后人读那些已故帝王的遗诏时，总觉得不是他们想说的话……"

尽管康熙把此次立储当成自己死亡的预演，但只是絮絮叨叨地谈及汉高祖、隋文帝、唐太宗、宋太宗等立储的种种旧事，对于储君人选只字不提。康熙提出《尚书》里曾说世上有"五福"：一是高寿；二是富裕；三是健康；四是好德；五是善终。他说五福当中，最后一个恐怕是最难的。

康熙在这封提前的遗书中，说完了他心底埋藏的话。这位老人不知道，谕旨中的这些话语，他已经絮絮叨叨地说了许多遍；只是王公大臣们没有人想到，他此后竟然彻底地沉默下来。他不再动辄便发表长篇大论，不再对皇子们的不孝举动表露伤感。他已经把所有的话说尽，剩余的便是漫长的沉默。

接连发生的海东青事件、胤禟事件，把这位老皇帝拖入了漫长的梦魇状态之中。身体稍稍好一点的时候，康熙会再次回到北方的草原之上。当年，他一口气能够拉开十五把弓，能够一口气射出十三把箭……此时，康熙越发衰老，他依然愿意行围打猎，只不过再也无法凭借着山涧的倒影射杀猛虎，更多的时候他反倒成为别人打猎的看客。在茫茫草原之上，他会张开双臂，迎着扑面而来的西北风，心里一次次地构思着自己的死亡现场。

在康熙提前立下的遗嘱中，只留下一句话没有说，那便是皇太子的人选问题。但是，这句话似乎已经不再重要。胤禩一党已经布满朝野，他们买通了太监陈福、李增，伺察康熙的动静。他们数着时间，等待着康熙大帝的死期。

庄严的朝堂，已经成为老臣们的养老之地。为了保养他们的身体，康熙已经取消了这些老臣的早朝，让他们适当在宫中走动一下即可。每当商议军国事件，这些国家重臣往往彼此推诿，一言不发，有些倚老卖老的重臣甚至假装打瞌睡，有的海阔天空地闲谈，等到需要拿主意的时候，便鼓动一两个新来的科道官员发言表态，然后大家便一同附和，以图塞责。王朝逐渐腐朽下去时，康熙只得用一种"宽仁"执政的说法，体面地掩盖这场可怕的倦勤。

北京城内外，已经弥漫着八阿哥胤禩、九阿哥胤禟、十四阿哥胤禵三位阿哥必有一位继承大统的说法。北京皇城根下，已经有人将这种阿哥们花钱买谣言的做法概括为"千金买一乱"。既然是胤禟使银子派人传出的小道消息，江湖上一度传言胤禟坐天下的可能更大一些。

康熙不知道，宫中的太监何玉柱正偷偷跑到苏州娶亲。这位太监自称是安三之子，明媒正娶良家美妇，随即送到胤禟的贝子府上。太监何玉柱脱下新郎服，又跑到东北皇家禁地中私挖人参贩卖，又在天津霸占木行垄断木业。胤禟成为财力最雄厚的皇子，也成为胤禩在用钱上的靠山。

在胤禩、胤禟的府宅里，往返着僧侣、道士、喇嘛及医生、术士、星相，甚至从江南来的优人、贱隶，从宫廷流落出来的西洋人、各类官宦大臣的家奴。导演这一场三教九流闹场的，就是挥金如土、左右逢源、春风得意的胤禟。

此刻，完全绝望的戴铎在给胤禛筹划退路："奴才查台湾一处，远处海洋之外，另各一方，沃野千里。台湾道一缺，兼管兵马钱粮，若将奴才调补彼处替主子吞聚训练，亦可为将来之退计。"沉不住气的戴铎明确提出了"束甲相争"的计划，一旦失败便割据台湾地区，以封疆大吏的身份割据一方再图天下。

康熙五十七年（1718年），胤禵的贝子府热闹了起来。进进出出的人中，有准备银子的包衣，也有准备兵器军备的工匠。此时，十四阿哥胤禵刚刚被任命为抚远大将军，成为西北战区的统帅，统率驻防新疆、甘肃和青海等省的八旗、绿营部队，号称三十余万人。康熙王朝末期，蒙古族准噶尔部落的势力发展迅速，已控制了今内蒙古西部、青海、新疆、西藏一线极为广大的地域。平定准噶尔之叛，已成为当时最为首要和重大的政治、军事任务。这一次，胤禵以固山贝子的低位，连越两级接受王爵。在西北战区中担任统帅，成为废太子胤礽、三阿哥胤祉、胤禛等皇子们明争暗斗的目标，此番落入十四阿哥胤禵之手。瞬间，胤禵成为东宫储位最有可能的继承者。

胤禵出兵的前日，胤禟亲自登门拜访，直到夜深人静五更时方归。他送给胤禵四万两银子，还特意帮助胤禵设计了一种战车。临出门前，胤禟发现胤禵的花园很是简陋，随后花费了大量银子替他修理花园。此时，胤禵已经不再是那个身藏毒药、引颈刀锋的毛头小伙了。在胤禩集团中，胤禵很容易就沿着八阿哥的成功路径，礼待陈万策、李光地等名臣，顺利地播下"十四爷礼贤下士"的名声。此次受命抚远大将军，胤禵更意识到康熙对他的莫大信任。胤禵在军中被称为"大将军王"，临行前，他意味深长地对胤禟说："皇父年高，无论他的身体是好是坏，你须时常给我资讯。"

有了胤禟的银子作保障，胤禵毫不手软就处理了前线军务上的腐败，他题参①了料理西北兵饷不力的吏部侍郎、包揽运送军粮事务的笔帖式、贪婪索诈的都统。紧接着的西北决战也势如破竹。胤禵指挥各路军马分兵入藏，并且顺利地进驻拉萨。

那年九月，胤禵指令延信送新封达赖喇嘛进藏，并在拉萨举行了庄严的坐床仪式。噶尔丹部所策动的西藏叛乱搅动帝国的西部边境，此番如此顺利地平定，使胤禵从此威名远震。

胤禩集团中，拥有八阿哥的人气、九阿哥的财力、十四阿哥的军力，三位阿哥的实力似乎构成了下一任政府的完美组成。其他阿哥似乎势单力孤、弱不禁风：三阿哥胤祉是一个纯粹的书呆子，而四阿哥胤禛忙着与雍王府藩邸附近柏林寺僧人谈论内典，喜欢清闲，更喜欢清谈。飘飘然的胤禟竟然叫葡萄牙人穆经远去年羹尧处引诱他："可要什么西洋物件吗？"作为雍王府的门人，年羹尧也是来者不拒的口气："我别的东西都不要，我只爱小荷包。"于是胤禟拿了

---

① 题参：上本参奏，犹弹劾。

一匣子小荷包送给年羹尧，年羹尧全部收下了。

就在胤禩人气日高之际，意气消沉的戴铎甚至想从瘴气氤氲的福建告病回京。胤禛给他回信说："你不要这么没志气，待到有一天，你做到总督、巡抚，才算扬眉吐气。"在这封信中，胤禛更像是给自己打气说："这世界上哪有什么都如意的事情？"

在生命最后的几年里，康熙总会记得淑惠妃的死。这位皇考顺治的皇妃，竟然活到了康熙五十二年（1713年）。康熙已经见惯了各种死亡，但他没有想到，淑惠妃死的时候，脸上带着满足的微笑。那张面孔，在忍受了五十多年的孤独、寂寞以后，竟然还如此的安详……

这是一场令他震惊的死亡。康熙不记得，还有哪个人对生的世界不再留恋，对死的彼岸没有畏惧，对周遭的一切充分满足。参加过淑惠妃的葬礼以后，康熙便不断地构思，他的王朝该以怎样的面目收场。

淑惠妃的葬礼，触动了康熙心中的天平。他发现，这个前朝贵妃庄严的葬礼，竟被办理丧事的官员草率地应付。恼怒的康熙命胤禛查办，胤禛几乎将办丧事的高级官员一网打尽，工部尚书满笃、侍郎马进泰、内阁学士兼管光禄寺卿马良、兼理此事的内务府总管赫奕、署总管事马齐都受到了处分。此前的事件办理中，胤禛也表现出冷面无情的铁腕。紫禁城太监日益胆大妄为，太监曹之璜竟公开索诈官员银两，并且敢打抬轿夫，致使死者的棺木落地。胤禛主持了审判，以大不敬之律将之议斩，将曹之璜打入了斩监候。

此时，康熙已无力对王朝秩序进行任何改革了，仅仅害怕失去这些多年来的伙伴，准确地讲，害怕彻底的孤独。每次那些陪伴他多年的老臣申请退休，康熙总是流着泪水求这些老臣不要告老还乡，哪怕只是偶尔在宫廷中行走一下。收复台湾的施琅因为年老体衰告老还乡，康熙劝说他仅仅需要他的意见，而不是他的体魄；冯溥告老时，康熙反复挽留，最终达成一个协议，卸下他所有的正式职责，只是偶尔在宫廷中走动一下。

众位阿哥也进入老年般的消沉之中。西北的战局陷入胶着状态中，算命人张恺告诉十四阿哥胤禵，七年后必有大富贵。紧张了数年的胤禵放松下来，身为领军统帅，他竟然索要青海台吉的女儿，还收留了蒙古女子多人，留在军中供他淫乐。

康熙六十年（1721年），是康熙登极一甲子的大庆之年，帝国仍然没有苏醒过来。早春时节，大学士王掞等人便以密折陈设立太子的重要性。康熙只是冷笑道："既然你们一口一声说自己为国为君，好，现在西北用兵，正是用人之际，你们就去那里效力吧！"此时王掞已经七十七岁了，待罪于宫门之外，在石阶上铺纸写检讨自己的《罪己书》。早春天寒，王掞只能用唾液研墨书写。康熙最后可怜他，命由他的儿子代往，其他人都罚往军营效力。

朱栏画栋最高楼，海色天容万象收。
海底鱼龙应变化，天中云雨每蒸浮。
无波不具全潮势，此日真成广汉游。
仙客钓鳌非我意，凭轩惟是羡安流。

登极六十年大庆，康熙认为典礼中尤其重要的是往盛京三陵大祭，便派胤禛偕同十二阿哥胤祹、世子弘晟前往致祭。胤禛的这首诗中表现的，仍是"天下第一闲人"的情貌。

"八风吹来不动。还同柳絮杨花。个中妙理实堪夸。""天下第一闲人"写下这句词时，几乎没有人注意到，关注康熙内心世界几十年的胤禛，在一个人们看不到的棋局之上，正逼近康熙心中的"中宫"。

在最后的岁月里，康熙对胤禛的好感和重视与日俱增，康熙先后让他去办理明十三陵墓群被盗事件、孝惠皇太后治丧典礼、京郊的通仓和京仓亏空等一系列棘手的事件。康熙要让胤禛看到，这个貌似强大繁荣的康熙王朝，早已是糜烂不堪，很多上报的财税数字、仓库存余等，早已经是一场数字游戏。

这个帝国实在太苍老了。康熙清晰地记得四十年前宫廷内务府中制造弓的工匠们所犯的案件，但他却分不清朝中那些崭新的年轻面孔。他不断地与回忆做着斗争，他的腿却一点点软下去。如今，他想把这个王朝托付给一个坚强可托之人，这个人绝不能像自己的王朝一样衰老，相反，他必须成为这个衰老王朝的掘墓人。

康熙六十一年（1722年）初，康熙想呼吸一点春天的感觉。这年春季，康熙王朝的西线没有战事。大将军王胤禵回京述职，康熙面授机宜后，再一次让他转回西北。

在北京的短暂停留中，胤禵再次与胤禩、胤禟一起不顾性命地豪饮。毫无进展的局面已经让胤禵意志消磨，他已经接受了军中贪污的一切不成文规定，他盗取军需银几十万两，多次派人私自送给胤禵，供他挥霍。三个阿哥颠倒黑白地豪饮，完全忘记了窗外是黑天还是白日。

只有胤禛关注着这个春天。他屏住呼吸，每天清晨，他总是呆呆地站在圆明园中，看着春意缓慢地染绿圆明园，回想着康熙情绪的一点点变化。为了这个春天，他已准备了数年。每个春季，胤禛都请康熙帝驾临圆明园，设宴演剧，使这位老人孤苦的心怀得以排遣，以至康熙有了春季到圆明园的习惯。

胤禛根据康熙的喜好，在圆明园里种满牡丹花。这一年牡丹花开得最艳的时候，胤禛再次把康熙请进了圆明园，胤禛捋着老人兴奋的曲线，当康熙兴致最高的时候，胤禛"无意中"告诉老人有一个叫弘历的孙子。康熙兴奋之下当即召见，少年弘历明眸皓齿，聪明伶俐，康熙一见便大喜过望。康熙游园之时，弘历始终不离身旁，朝夕相伴。胤禛再次"无意"地说："让弘历随侍父皇读书如何？"康熙愉快地同意了，他把畅春园内的"淡宁堂"赐给弘历，将自己在圆明园寝殿旁的牡丹台，设为弘历起居读书之所。

那年的春夏，康熙浏览经史时，常常对弘历亲授章句，为他讲解文义。写字之时，见弘历从旁窃观，便问道："你也喜欢我的书法吗？"弘历点头微笑，于是弘历不断地得到康熙帝所赐书法，或长幅，或横幅，或诗扇。康熙传膳用餐时，弘历常常倚靠在康熙帝的膝前，一同进餐，"特被宠爱，迥异他人"。康熙还给胤禛亲书"五福堂"匾额。

五福？胤禛心中一动，这岂不是康熙心中的最高理想？不久，康熙召见弘历的生母钮祜禄氏，连连称她是"有福之人"。那一天的

清宫廷画家绘《孝圣宪皇后半身像》屏。故宫博物院藏

聚会中,康熙享受着对他来说极端奢侈的天伦乐趣,祖孙三代、翁媳之间、父子夫妻之间,雍雍睦睦,融融洽洽。

秋去冬来。

那年冬天,康熙前往南苑行猎。虽然在最冷的冬天打猎,但这位满洲血统的帝王,拥有着六十多年的御寒经验,他把自己包裹得很严,浑身上下都穿着最保暖的衣物,他翘上帽檐,卷起耳护。

回到住所内,他与火炉精确地保持着不近不远的距离,以防止冷热过度引起感冒。他仍小心地保持空气的清新,以防止外邪的入侵。这一次,尽管无比小心,他还是染了风寒。十一月初七,康熙回到了畅春园。

康熙没有在意,以为自己偶感风寒。他没有用人参来进补,他认为人参不适合北方人的强健体质。他与御医商量了治疗方案,希望出透一身汗，即可驱走这小小的感冒。

他在给皇子们的信中充满了乐观，表示自己的身体已经一天好似一天。不过，初九冬至的那天，他还是委派胤禛去天坛主持祭天大礼。这是帝国中最重要的一个权柄，康熙自即位以来，天坛大祭，一直是亲自行礼。

帝国的冬天来了。站在天坛之上，胤禛虔诚地敬天敬祖后，正在打算祈求帝国来年的盛景时，被一阵凛冽的西北风吹得一激灵。每天，他派去打探讯息的太监，总是带给他乐观的汇报"皇帝的身体尚好"。十一月十三日的凌晨，从畅春园飞马跑来几个太监——康熙病危。瞬间，他感到天坛也摇晃了一下，他心中所有不祥的预感要成真了，康熙帝国要出大事了！

康熙六十一年（1722年）十一月十三日，畅春园经历了漫长的一天。子夜刚刚开始，康熙的病情急转直下，他急召各位皇子前来畅春园，甚至召来了沉寂十多年的十三阿哥胤祥。皇子们焦急地等待着父皇身体的讯息，他们看到苍白的太阳从东方升起，再一点点沉入西方的地下。

死亡在吞噬着康熙大帝干瘦的身体。胤禛飞马赶来觐见时，康熙打起最后的精神，告诉他自己身体恶化的原因。胤禛含着眼泪劝慰父亲。康熙仍在用生命中最后的力量诉说自己的病情。事后胤禛才意识到，康熙已不在意他的帝国，不在意皇子们是否孝顺，他生命最后那些絮絮叨叨的病情，无非是在宣告，《尚书》传说的五福之中，他如愿以偿地享受着最后的一福——"善终"。

此时，宫里宫外都亮起了灯盏，随着凄厉的北风一阵紧似一阵

〔清〕郎世宁绘《平安春信图》轴。故宫博物院藏

地号叫，令人压抑的沉默早已摧毁了每位皇子的耐心。胤裪的口袋里特意装着毒药，以示自己对胤禩—胤禵集团的效忠。胤裪还记得，十多年前康熙下令锁拿胤禵的时候，他令人拿着锁链同行，以示抗议。胤禵被开释后，胤裪到囚禁之处迎接，还当着大家的面取出毒药并丢在地上，颇有藐视之意。对于胤裪来说，满朝文武、皇室元老们，只有胤禩派与胤禵派的差别，无论两位阿哥谁能登极，他都是理所应当的九千岁。皇位已经是囊中之物，这毒药就是一面胜利

的旗帜。

当晚戌时,康熙大帝龙驭上宾。正当胤禛与皇子们哀恸号呼的时候,步军统领隆科多突然向胤禛宣布:康熙有传位给胤禛的遗诏。康熙帝国十多年政治的钩心斗角、风云动荡,就被这么简简单单的一句话勾销。

死亡与黑暗一点点吞没了畅春园,窗外一阵猛烈的狂风,这边胤禛听罢传位遗诏后晕倒了。

康熙六十一年(1722年)十二月二十日,成为康熙王朝中最后的一日,也成为这个王朝里最漫长的一日。在生命的最后一天中,康熙再没有对皇子们说什么心思,他早在五年前就已经完成了遗嘱;这一天,他只是平静地实现了权力的转移,完成了生命的善终。胤禩、胤禟等没有想到,康熙会如此突然地离他们而去,如此简单地安排了后事,使他们竟一直找不到大闹、反抗、起事的把柄。皇子们各怀心思地哭丧时,胤禟却突然忘情地挤到了所有人前,甚至挤到了新皇帝胤禛的身前,傲慢无礼地在康熙的尸体前对坐着。在这

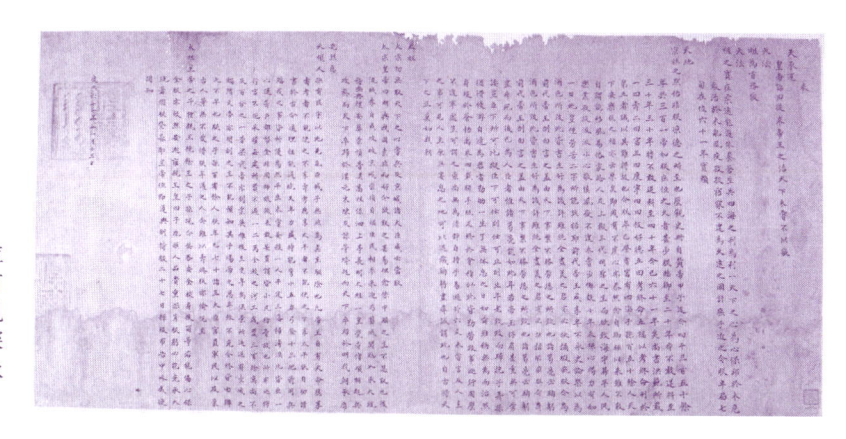

现存的《康熙传位遗诏》(其中有"雍亲王皇四子胤禛,人品贵重,深肖朕躬,必能克承大统"之语)

个充满神奇变化的一天里，他无法理解皇考为什么找到一个富贵的"闲人"、一个纵情山水的居士来继承大统。胤禟此刻愤怒与绝望地想到，皇考如此做法，只不过是对王朝所有精英的背叛。

康熙的尸体躺在床上，脸上似乎仍然有一丝笑容。在最后的十年中，康熙没有再立哪个储君；在自己的死期里，康熙竟然成功地避免了与新任皇帝的直接面对。五福俱全，他心里清楚，古今三百多个帝王之中，自己成为天下最完美的帝王。更关键的是，他成功地背叛了自己的王朝，他精心地选择了一种复仇，这成为他对自己帝国最彻底的葬送。这或许是他精心的设计，是这位旷世帝王最后的政治杰作。

胤禩再也无法忍受康熙的微笑，他已经身在梦魇之中。他佯装悲痛走出屋外，用最后的力量走到院外的一根柱子旁倚住。在黑暗的沉默中，"八佛"不知被怎样的回忆折磨，他不由自主地想起童年时康熙说过的那句"若有人赞好，朕即非之"，以至别人叫他帮助办理丧事，他都恍然无觉。

此时的西北前线保德州，平逆将军延信将北京的讯息带给了西北军统帅胤禵，胤禵面无表情地对延信说："如今我的哥哥当上了皇帝，他还指望我去叩头吗？我回北京不过拜拜父亲的梓宫，见见皇太后，我的事即毕矣。"延信惊恐地回答说："你这样说，莫不是想反吗？"胤禵这才痛哭起来。

康熙的最后一声呼吸，似乎还在这压抑无比的空气中荡漾。一个时代落幕了，缩小成为龙床上那具发冷的尸体。在这一天中，胤禩如同梦游人一般，以至多年以后他后悔，为什么没有对新皇帝采取什么突然的行动。

畅春园内,满腹圣人经书、伦理道德的三阿哥胤祉首先向胤禛叩首,劝其节哀。胤禛在众兄弟的协助下,给康熙换上寿衣。随后,在隆科多的带领下,胤禛便与众位阿哥连夜护送康熙的灵柩回到大内乾清宫。

与此同时,在那个沉默、压抑的冬季夜晚,隆科多的兵马在北京的各条街路上狂奔,所有的骑兵重装上阵,两万人马瞬间实现了对北京的重重控制。

整个帝国进入一个梦魇的状态之中。十七阿哥胤礼在大内值班时已听说出了大事,他匆忙奔赴畅春园,在北京的西直门大街遇到隆科多,得悉大位传于"天下第一闲人"。已经二十五岁的胤礼在大惊之下,竟然近乎疯狂地奔回王府,更忘记了回到大内接驾。

在紫禁城寒冷的草棚内,胤禛开启了自己的王朝。群臣奏请皇帝以昭仁殿为居丧之所,胤禛却偏要在乾清宫东庑外斜立起几根橡木,以草苫盖之,搭建成守丧的倚庐。他一边食不下咽,夜不成寐,形容枯槁,一边迅速地任命马齐、隆科多、胤禩和胤祥为总理事务大臣,限十四阿哥胤禵二十四日内回京奔丧,同时指令封闭紫禁城,关闭京城九门,没有他的旨令,亲王也不许入内。在戒严的状态中,隆科多亲自坐镇城头,把握京城九门钥匙,他的步军巡捕三营早已部署就位,彻底切断了阿哥们与外界的联系。

北京城门关闭以后,九阿哥胤禟悄然发动了另一场战争。当时京畿饥荒,以九阿哥胤禟为首,包括三阿哥胤祉、五阿哥胤祺在内的阿哥们却在大量买米囤积,致使米价飞涨,一斛米已经涨到八两银子。米价仍在狂涨不止，百姓却无处买米。米荒正酝酿着一场可怕的民变，胤禛了解情况后，迅速发放国库仓米二十万斛，廉价卖给百姓，甚至发放出国库中的陈米，同时逼迫三位阿哥随市卖米，这场危机很顺利地解除。

在帝国为康熙一遍遍敲响丧钟之时，胤禛回想起康熙对他"柔奸成性"的评语，当初他以为是对自己的诅咒，此时他才了解到，"柔"与"奸"，正戳中了他的政治弱点。

牌局已毕，众位阿哥这才看到胤禛手中的政治底牌：步军统领

清宫廷画家绘《雍正朝服像》轴。故宫博物院藏

隆科多亲守朝阙，使京城固若金汤。年羹尧已晋升为川陕总督，雍正密诏他火速率领精锐之师接近胤禵的兵营，一旦这位十四阿哥有反常举动，将予以搏杀。戴铎则正在劝说雍王府的新门人、四川巡抚蔡珽准备钱粮，以"天府之国"的钱力物力，支援年羹尧可能卷入的战争。

也只有在此刻，胤禟、胤䄉等才震惊地发现，一直哭得死去活来的胤禛，已经不动声色地实现了本该杀机四伏的权力交接。他们经营了十多年，而胤禛在短短几日之内，给他们进行了一次教科书式的夺嫡表演。对了，此时胤禛已经改称雍正大帝。

第四章
死亡游戏

天空湛蓝宁静。在居室的后面,允䄉怔怔地看着两个木匠造塔。这两个木匠的手很巧,木塔基座上的莲花栩栩如生,二十三层的塔身颇为雄伟,装骨灰的暗室打制得也非常精巧。木匠们忙着给木塔贴上金饰,允䄉的眼眶一酸,两行热泪流了下来:"完颜,你再等等我,这辈子我们生同甘苦,死眠同穴……"

雍正登极之后,诸位阿哥的"胤"字因为避讳而改为"允"字。雍正将阿哥与阿哥党们,发配到这个广袤的帝国各地。大阿哥允禔一直被圈禁至雍正十二年(1734年)去世,在生活上他得到了雍正的优待;二阿哥允礽仍被圈禁在郑家庄,也算是丰衣足食,赏赐不断。随后,雍正以西部军中需人为名,强令九阿哥允禟驻守西宁的西大通;他借故在京城内囚禁了十阿哥允䄉,并且查抄了他的家产。除此以外,他又将三阿哥请来的先生陈梦雷发配到黑龙江,将九阿哥的太监发配云南——如果不愿去的话就逼其自尽,把骨灰遣送到云南。那些与八爷党相关的太监,都被发配到东北、云南、西北各地。

雍正元年(1723年)的秋天,在遵化马兰峪附近的阎家宫,允䄉

清宫廷画家绘《雍正帝行乐图》之八

每日每夜坐在这里，看着木匠们一凿一锤地打制出两座高四尺的木塔。灵堂里，雍正的心腹、三屯营副将赵国瑛派出的兵马，借给允䄉福晋守灵为名安插于此，监视着允䄉的一举一动。这年的四月，允䄉的福晋完颜氏突患重病，遵化缺医少药，雍正却偏偏不信允䄉福晋的病情，他只说先派良医前往诊治，如果完颜氏要来京城治病，允䄉必须先行奏报。在如此的拖拉之下，完颜氏挺到了七月，终于在允䄉的怀中病死。

福晋死了，雍正却怪罪允䄉不早报告病情，又命按郡王例将她安葬在黄花山王爷陵寝。黄花山，是郡王们的陵寝，允䄉这个国家

《赵国瑛奏允䄉景陵上祭折》

第一号罪人，明天还会是大清王朝的郡王吗？允䄉叫木匠们日夜打制木塔，这两座木塔将是他与自己的爱人完颜氏的寄身之处。他要与妻子一道，托生到一个更完美的世界，逃离这个让他诅咒的雍正王朝。

木塔每打制一层，允䄉都感到多了一分对雍正的诅咒。不但是为了自己，为了自己的爱人，更为了自己与雍正的母亲——乌雅氏。

雍正刚刚登极时，乌雅氏特意表现出了惊讶，"先帝钦命我的儿子继承大统，实非梦想所期"。乌雅氏一向仁厚慈祥，但是在这个被皇权分裂的小家庭里，乌雅氏露骨地支持幼子允䄉，竟然不惜与大儿子雍正公开抗争。

康熙刚刚驾崩，乌雅氏就要以死相殉，这实际上无异于是在给大儿子雍正下马威。群臣们百劝无果，雍正不得不对她说："如果母亲执意如此，我也不得不跟随皇考皇母于地下了。"乌雅氏只得妥协。自此以后,每夜五更,雍正都亲自到昭仁殿,详细询问值班太监,得知母后确实安睡后,才回到守灵的地方。此时,雍正还幻想着得到母亲的爱。在登极的喜庆日子,雍正按例前往乌雅氏处行礼,乌雅氏冷冰冰地说:"皇帝诞膺大位,理应受贺。与我行礼,有何紧要?"让雍正心寒的是,身为皇帝的生母,乌雅氏至死都不肯接受皇太后的尊号,更不肯移居到皇太后居住的宁寿宫。雍正一次次地硬着头皮,亲自上前叩请,皇太后依旧是语气冰冷冷地拒绝。

在与雍正僵持之际,乌雅氏日夜惦记的幼子允禵从西宁回京。允禵在路上便扬言:"我之兄为皇帝,指望我叩头吗?"在康熙灵柩前哭拜的时候,雍正也在场,允禵见了自己的哥哥——刚上任的皇帝后,好像是仇人相见、分外眼红,却也只能含屈带愤向雍正远远地叩头,毫无哀戚或者亲近之意,这是当着这么多人的面,故意让雍正难看。

雍正很清楚自己这个弟弟的脾气,但在康熙的灵柩之前,他不想发作。为了表示对弟弟的亲善,他还特意上前去扶允禵,但允禵脖子一梗,偏就拒不动弹。一时间空气都似乎凝结了,兄弟俩一个拉,一个不动,场面十分尴尬。随从拉锡把允禵拉到雍正跟前,允禵詈骂拉锡:"我本恭敬尽礼,拉锡将我拉拽,我是皇上亲弟,拉锡的身份下贱,若我有不是处,求皇上将我处分;若我无不是处,求皇上即将拉锡正法,以正国体。"

这一家三口,乌雅氏、雍正、允禵,是前朝最成功的三人。母亲从后宫低级的答应身份做起,逐渐升格最受宠爱的贵妃;大儿子从貌不惊人的贝勒做起,最终登极成为帝王;小儿子曾差点被康熙砍死，最终成为炙手可热的大将军王。这帝国中最出类拔萃的三个人不仅生在一家，而且性格又是同样固执、烈性、偏执。

雍正元年（1723年）三月，雍正率王公大臣及后族，将康熙灵柩送至遵化。此后，备受母亲与弟弟冷落、奚落的雍正不断做出过格的举动，他传问允禵的家人向雅图等人："允禵在军中的时候，听说有吃酒行凶的事情，你等从实奏来。"向雅图等人要保护主子，一致回奏道："并无此事。"雍正听后大怒，命将这些人送刑部永远枷示。随后，他将弟弟允禵拘留在遵化守陵。五月十三日，雍正因为高其倬奏疏中误以大将军与皇上并写，刻意对允禵略加惩罚——"革贝子允禵禄米"。

革去禄米的第十天，乌雅氏病重。闻知皇太后病重的讯息，雍正连忙赶到永和宫，昼夜侍奉汤药。为了能够安慰母亲，雍正派侍卫吴喜和朱兰太去遵化景陵将允禵召回。但是，意外的事情发生了，负责看管允禵的副将李如柏，突然生疑，生怕有人矫诏阴谋造反，便以"旨意未明，又无印信"的理由追回了允禵，并将雍正派去的侍卫扣押，然后亲自向雍正请旨，问是否要放允禵回京。李如柏得

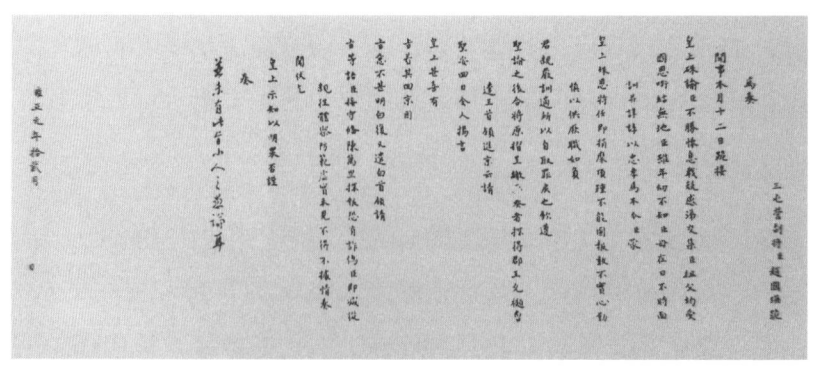

《赵国瑛奏允禵扬言回京折》

知雍正亲口的旨意后，才将允禵放回北京。

一切都晚了，允禵虽于当日赶回京城，但看到的只能是母亲的梓宫。在雍正冷漠的注视下，允禵扶着母亲的灵柩痛哭失声。在母亲的灵前，两个同胞兄弟依旧是面无表情，在让人窒息的空气中，雍正降下谕旨：为了宽慰乌雅氏操碎的心，晋封允禵为郡王；若允禵怙恶不悛，朕必治其罪。

德妃生前，断然不肯移居到太后应住的宁寿宫去，她刚一咽气，雍正便将她的梓宫移到宁寿宫，停灵三天才放到帝后死后应停灵的地方——寿皇殿，自己则住在苍震门临时搭建的帷幄之中，他在曲折地表达心中的愤恨与不平。"东有启明，西有长庚。"雍正是否会想起《诗经》的这句诗？短短数月之内，他丧父丧母，到母亲临死前仍没有得到她的爱，并永远失去了与弟弟和好的可能。

雍正多次悲伤地哭泣，屡次昏晕。他哭泣母亲的偏心，哭泣自己的一生终于没有得到母亲的慈爱，哭泣母亲对他彻骨的恨意。在此期间，副将李如柏被赏赐了一千两白银，并被升为总兵官。

就在允禵赶制木塔的时候，京城内外散发着一类新鲜玩意儿——"报房小抄"。这种街头流传的报纸，刊登了关于新皇帝雍正的种种谣言，说雍正帝每天起床就喝酒，不到中午就已经烂醉，他还总是将隆科多等朝廷重臣灌倒。

京城内外、八旗皇族中，乃至江湖之间，依然布满了允禵的党羽。有一次，雍正出宫举行祭祀，步军统领隆科多突然收到线报，说已经有刺客混入了祭祀的现场，并且潜伏起来。隆科多派出重兵搜寻刺客，甚至找到了祭案的下面。内宫也乱得一塌糊涂。直到雍正元年（1723年）六月，宫中的太监还没有给新皇帝太多的尊敬，打扫金銮大殿的卫生之时，太监竟然昂然地拿着笤帚，毫无敬畏地从万岁的御座之前走过。在乾清宫里，允禩亲信太监阎进在众人面前指着宠臣年羹尧说："如若圣祖康熙大帝晚死半年，年羹尧首领断不可保！"在朝臣之中，明目张胆地散布雍正篡位之说。

雍正完全清楚，此时他如果突然驾崩，天下不会有人为他流泪。如果要稳固皇位，建立威信，他能够抓住的最大一根稻草就是康熙大帝。传统的帝王守孝，能够以日易月，仅用二十七天便相当于平常人守丧三年。为了表现自己的孝顺，雍正竟然改动天子"以日易月"的成规，为圣祖仁皇帝康熙守制三年，希望在"孝"字一节上做到尽善尽美。三年的守孝时光，虽然能成全雍正新帝以德治天下的美名，但漫长的三年会束缚他的手脚，守丧期间，雍正无法大开杀戮，对阿哥们痛下杀手。阿哥们只能以自己的死亡作为底牌，将雍正彻底地丑化为无德的暴君、嗜杀的孤家寡人。

刚刚即位，雍正便任用允禩为总理事务大臣，兼任理藩院、工部等重要职位，同时还对允禩的亲戚、党羽大加封赏。"纵观朝廷上下，论才能、操守，所有的大臣没有人能够赶得上允禩。"雍正曾经由衷地赞赏允禩的才华。在允禩的众多党羽弹冠相庆的时候，其八福晋轻描淡写地说："皇上今日的封赏加恩，不过是为明天的诛戮做好铺垫而已。"

雍正的天罗地网已经布下。允禩的同党中，阿灵阿之子阿尔松阿想尽办法，拒绝接受刑部尚书的职务。他惊恐地看到，八爷党的骨干阿灵阿死后，他的墓碑被雍正改镌成为"不臣不弟暴悍贪庸阿

《允禵奏折》

灵阿之墓"。后来，阿尔松阿被革职，遣往盛京守其祖坟，以示惩罚。雍正将允禵岳父正红旗固山额真七十革职抄家，遣送获鹿。雍正将允禵升到高位，高处不胜寒，在这三年中，他将搜罗各种证据，以便将允禵一网打尽。

雍正与允禵都很清楚。这长达三年的守孝期，将成为一场危险的政治游戏。在一次朝臣聚会之时，雍正竟然说了一句让所有人心惊肉跳的话："在你们这些大臣内，只要有一个人，或当庭明奏，或者背后密奏，说允禵比朕更加贤良，比朕更有益于社稷国家，朕当即让位给允禵。"朝廷内一时间噤若寒蝉，允禵扑通一声跪倒，以死相逼要求皇帝收回此语。

有一次，雍正几乎被这令人窒息的恐惧压抑得崩溃，他忍不住用恳求的口吻要求大臣们："希望各位能够恪守君臣大义，使朕不致恐惧疑惑，便是国家之福。"此时，雍正最怀念自己作为"天下第一闲人"时的悠闲岁月。他可在雍王府里坦坦荡荡地吃喝，可以一个人跑到附近的柏林寺去谈禅论道。此时，在看不清的敌人的包围之下，他早早下令释放了宫中所有打猎用的鹰犬，他已经不可能像康熙大帝那样纵横在天地之间任意行猎，他甚至不敢再次出宫远行，甚至连饮食、起居都小心翼翼地防范。

每当想起被软禁的弟弟，雍正总是涌上说不清的苦涩与愤怒。此时，允禵为了藐视帝国的皇家礼法，要先一步把福晋火化，好让皇帝承认既成的事实。八月二十八日，雍正下令给马兰峪总兵范时绎，让他强行将两个木塔取走，将允禵押到王家庄，派兵严行看守。那天晚上掌灯以后，允禵在住处狂哭大叫，凄厉的声音远近可闻，那悲怆的声音持续到半夜，让前来探听的人心中充满了恐惧。

允禵的夜半悲啸，宛如缠身的鬼魅一般。雍正不禁心惊，或许，允禵至死也不会同意将福晋的尸身放到黄花山。他指令允䄉劝说允禵。倔强的允禵立即同意了，他一直把允䄉当成自己真正的哥哥，他更知道允䄉的处境实在艰难。"设修在今日而为此论，朕必诛之……（如果欧阳修活在本朝作《朋党论》，我一定亲手诛杀之！）"雍正二年（1724 年），雍正本人发布了《御制朋党论》，将宋代欧阳修的《朋党论》贬为邪说，严厉指出目前朝廷中还有人搞结党，他要为彻底消灭允䄉、允禵一党做好舆论准备，为三年守丧的解禁而"热身"，也警告朝臣们要与允禵党人划清界限。

允䄉在进行着徒劳的反击。他任理藩院尚书时，以浪费口粮为借口，下令阻止蒙古藩王进京谒见康熙的梓宫，使外藩的诸王们"涕泣而归，怨声载道"。在主持工部事务时，工部每每草率行事，为新疆阿尔泰驻军锻造的武器,刀刃无钢,盔有裂缝,铠甲为市面上最粗劣的铁制作。在允禩的一封奏折中,他建议:修建康熙陵寝的人夫、马匹、钱粮应缩水,以劣质的"漆流金驳"制造列祖的神牌,以断钉薄板打制皇上乘舆法物,以污油恶漆涂制更衣幄次。此封奏折被冠以"务实避虚,节约朝廷财力"的名头,幸亏马齐上表进言,雍正这才恍然大悟:此举会使自己背负不孝之恶名。

在青海的西大通,允禟在忙着收买人心,并且成为当地的第一商人。西大通原本没有商人来往,允禟广撒钱财,各地人听说允禟的仁慈而前来贸易,凡买东西,不用讲价,换则即给,没有丝毫争执。雍正闻奏十分气愤,特派钦差大臣楚宗前往约束。当楚宗到达西宁宣旨时,允禟并不迎接跪听,而且非常嚣张地告诉这位钦差大臣,他已经打算出家离世,准备以葡萄牙人穆经远为教父,他要信奉上帝而并非当朝的皇帝,而且将成为青海地区第一位新入教的天主教徒。

在楚宗从西大通回来以后,雍正在他的奏折上做了如是的批语:"朕极基后,允禩允禟党人若能真心收服天下,朕将会既喜且愧,甚至想把皇位让给他们。朕并非惧怕贤良、仗恃威权、以势压人、依恋皇位的男子,但允禩允禟党却总像梁山反贼结伙,兜售小恩小惠,他们像牲畜一般卑鄙,将得不到一丝人心。"

雍正三年(1725年)年底,当朝两位最具雄才大略的人物——雍正与允禩,都熬到了耐心的极限。雍正尝试用最后的恩惠拉拢允禩,他削除了允禩母舅一族的贱籍,并且将允禩舅家的人拨给允禩的门下。正当雍正希望允禩对他感恩戴德之时,允禩等人主持的改革,正导致了内务府里披甲人的骚乱。

雍正一直致力于消除内务府的佐领,允䄉却将这个讯息透露出去,酿成了这场几百人参与的骚乱。雍正将闹事的人送到云贵等地当苦差,将允䄉交给侍卫内大臣与宗人府会审。在审讯时,允䄉口衔小刀向天赌誓:"若有虚言,全家死光。"这"全家"二字牵连整个爱新觉罗家族,当然也包括了他的皇兄雍正。

就在这个冬季,有一个自称是满洲正黄旗人的蔡怀玺,悄悄地来到了遵化允䄉的住处求见,允䄉怕招惹是非不肯接见。蔡怀玺把写有"二七变为主,贵人守宗山,以九王之母为太后"的字帖扔入允䄉住宅之内。这个字帖如此古怪,而雍正的耳目布满周围,允䄉必须慎重对待,他将字帖内的重要字句裁去、涂抹,然后交给马兰峪总兵范时绎,并轻描淡写地说,这件小事不必向皇帝汇报。

当年,雍正前往遵化谒陵时,隆科多便有密奏,说诸位阿哥计划要谋反,要雍正小心防备。如今接到了范时绎的密报,雍正敏感地知道,遵化出大事了!雍正立即派遣贝勒满都护、内大臣马尔赛等心腹赶往马兰峪,连夜审讯蔡怀玺和允䄉。

允䄉瞪着布满血丝的眼睛,想把告密的范时绎生吞活剥。他一口咬定,投书的蔡怀玺就是马兰峪的把总[①]华过柱及总兵范时绎所指使。允䄉的下人曾经了解到,把总华过柱留过蔡怀玺吃饭,两人甚至把酒言欢。雍正加紧了对允䄉等人的控制,革去允䄉的头衔,将他押回北京,囚禁于景山寿皇殿内。

早些时候,雍正在一名骡夫的衣袜内,截获了允䄉的一封神秘

[①] 把总:明清时陆军基层军官名,也可称为百总,麾下约有战兵四百四十人。

书信。这封书信由一种奇怪的字母拼成。雍正怀疑这种神秘的文字出自葡萄牙人穆经远之手,但是京城内的各国洋人均不认识这种奇特的文字。此时,允禟头一次表现出聪慧过人的一面:为了便于掩人耳目,他以俄罗斯语为蓝本,竟然创制出一种奇特文字,并遣人将其送京交给其子弘旸,令弘旸照样书写。在他与十阿哥允䄉的书信中,俨然有"事机已失,悔之无及"一类大逆不道的字眼。

的确,在搜寻雍正破绽的三年等待中,允禩一党的确"事机已失"。"八佛"允禩也逐渐陷入了绝望,并且染上了不可救药的酒瘾。允禩有一名叫九十六的卫士,因为直言触怒了他,被他立刻用刑杖打死;允禩王府里的长史,因为在劝解允禩时言语不中听,遭到允禩的暴打,甚至被推入冰内,几乎丢了性命。

雍正四年(1726年)正月初五,雍正发出上谕,历数允禩的罪状,并且褫夺他的黄带子,削除宗籍,逐出宗室,同时将允禩那位多嘴的八福晋休回母家。雍正对允禩的话中仍留有活口:"以后,你如果能够痛改其恶,实心效力,朕自有加恩之处。"

允禩身边的婢女白哥读懂了雍正的意思,雍正如此的威恩并施,无非是逼迫允禩向自己低头,白哥苦苦地劝自己的主子去恳求皇上,允禩却倔强地说:"我丈夫也,岂因妻室之故而求人乎?"断然不肯向雍正低头。此后允禩已近乎自暴自弃,日日沉溺于酒乡麻醉自己。

那年最冷的日子,暮气沉沉的廉亲王府中,当允禩看到白哥的尸体时,才从酒醉中清醒了一点。此前,白哥为了拯救允禩的消沉、堕落做出了种种努力。白哥知道,允禩二十多年的皇帝梦破碎了,那数不清的绝望、悔恨与惆怅统统化入了愁肠,这酒是永远喝不完的。白哥绝望地自尽了,她只是企图用自己的死最后唤醒允禵。

允禩又给自己倒满一杯酒。他知道,他与雍正之间的死亡游戏已经到头,他此时想要的,只不过是一个体面一些的死法而已。两个月后,雍正将允禩由宗室亲王降为民王,随即将他交给宗人府囚禁于高墙之内,只留两名老成稳重的太监服侍。

康熙大帝的"阴灵"似乎降临人世,这位被皇子党争折磨得形容枯槁的"阴灵",正通过雍正发出一连串的诅咒,雍正逼迫允禩改名为"阿其那",允禟改名为"塞思黑"。①雍正为自己的两位弟弟取了这两个令人厌恶的满语名字时,仍然打着父亲康熙的旗号:"廉亲王允狂逆已极,朕若再为隐忍,有实不可以仰对圣祖仁皇帝(康熙)在天之灵者。……当时允禩,希冀非望……事事伤圣祖仁皇帝慈怀,以致忿怒郁结,无时舒畅。"

是年六月,雍正公开了允禵、允禩和允禟的罪状。康熙王朝、雍正王朝中种种令他不快的回忆,都成为这三个人不可饶恕的罪状。诸王大臣罗列允禵的十四条罪状,雍正将那些不愉快的记忆,一条条地写成了允禵、允禩和允禟的罪状,主犯允禩罪四十条,从犯允禟罪二十八条。

雍正命人将允禟从西宁押解回京师,一路上允禟还是谈笑如常。雍正指令直隶总督李绂将允禟关押在保定。在保定那个暗无天日、手足难伸的小屋之内,允禟铁索在身,几次中暑昏死过去,随后腹泻不止,在八月酷暑中,可怜的允禟凄惨地结束了他的一生。

---

① 阿其那、塞思黑:分别有"猪"和"狗"的意思,还有一种说法认为两者都是"不要脸"的意思。

九月，允禩也在监所中患病，呕吐不止，生命垂危。得到讯息的那一刻，雍正的心软了下来，他召集群臣讨论，希望从宽曲宥允禩，同时令其"用心调养"。只是允禩大势已去，他希望一个轰轰烈烈的死亡过程，经过了二十多年的皇帝梦折磨后，这位"八佛"几天后悄然无声地魂归西天了。

允禟、允禩两人的死期如此接近，雍正不得不解释说，两人是伏了"冥诛"所致。宫廷之内杀机大开，雍正毫不怜悯地下令，将早已遣发奉天的允禩死党鄂伦岱、阿尔松阿就地正法，并将已死的苏努和七十"戮尸扬灰"，其子孙五十四人，如果有党恶妄乱者就地正法，余者发往东北白都纳等荒凉之处充当苦差。诸王大臣已经杀红了眼，他们联合上奏，要求雍正下令给允禟、允禩鞭尸，同时将最后的漏网之鱼允䄉正法。

杀不杀自己的亲弟弟？犹豫中的雍正派人问询允䄉："当年，皇考在斥责阿其那（允禩）的时候，你带着毒药，希望与他同生共死，现在阿其那已死，你如果想与他同死，悉听尊便。"

就在那个刹那，允䄉想起一段往事。康熙四十八年（1709年）的春天，康熙巡幸塞外，只指令允禩侍从，允䄉却偏偏惦念着自己的这位慈爱的哥哥。于是，他戴着破帽，穿着旧衣裳，坐着小车，装作贩卖的商贩，一直跟着北巡的队伍出了长城关口。白日的孤单中他想着允禩晚上说过的话，晚上则偷偷溜到允禩的帐房内留宿。兄弟两个睡在一张床上，每次谈话到通宵，快意在千里草原之上。在塞外满天灿烂的星斗下，他们总是不知不觉便睡着了……

允䄉知道，他已经命悬一线。对于雍正来讲，要他一句认输的话，远胜过要他的人头。沉思一下，他带着囚徒特有的沧桑味道："我以前是被阿其那所愚骗，现在他既已经伏冥诛，我不愿往看。"

雍正看了允禵的回奏之后，如释重负地笑了。这位桀骜不驯的弟弟终于低头了，他成为这场生死游戏的胜利者！从此以后，允禵将会为自己向哥哥认输而后悔终生；他将为背叛自己心中的哥哥愧疚终生，他将为永远无法与自己的爱人葬在一处而心痛终生。允禵的灵魂深处，再也不是那个咒骂苍天、不肯服输的刑天！

雍正宽容地向臣子们表示：既然允禵似有悔心之萌，着暂缓其诛，以徐观其后。雍正下令对允禵缓期死刑。从此，允禵销声匿迹，在景山上过着枯燥而漫长的囚徒生活。

雍正四年（1726年）的重阳节，是雍正登极以来最为轻松惬意的一天。在乾清宫内，他摆酒赐宴，召集九十四名文武大臣，共同吟赋"柏梁体"诗。经过反复的斗争、清洗，这一届新政府班子已是皇帝满意的人。当年汉武帝修筑柏梁台，全部建筑皆以香柏为梁，他在柏梁台上设摆酒宴请臣子，要求每人赋诗一句，句句押韵，凑成一首二十六句的联句。此番雍正先作两句，诸位王公大臣各作一句，接着大臣们奏乐、看戏曲，歌颂雍正王朝进入太平盛世。

"你们都来听啊，新皇帝雍正的秘闻，我们已经蒙受冤屈，要告诉你们，希望你们大家互相告知。"正当雍正吟诵柏梁诗的时候，在帝国的各个角落里，雍正发配的那些囚犯，正在传递类似上述他的小道消息。允禩、允禟死后，他们的得力太监和党羽达色、蔡登科等人被放逐到帝国最遥远、荒凉的广西、黑龙江。

他们谈论着：圣祖皇帝原本要传位给十四阿哥允禵，雍正却将传位诏书上的"十"字改为"于"字，诏书上"传位十四阿哥"便成了"传位于四阿哥"；又说圣祖皇帝在畅春园病重，皇上就进了一碗人参汤，圣祖皇帝随后崩了驾，新皇上就登了位；他们还说允禵刚被囚禁之时，太后要见允禵，皇上大怒拒绝，太后便在铁柱上撞死……

这些被编造得绘声绘色的故事，沿着北京向广西、黑龙江等线路传递下去，永远在那些街头巷尾之间传递，并且逐渐代替了事实。等雍正发现这些囚犯对他名誉的损害远比允禟、允禵更大时，那些谣言已经落地生根了。

第五章
∨∨∨
白额野虎

雍正三年（1725年）十二月初三的深夜，北京城里出现了一件怪事。一只不知从何而来的野虎，从东便门跑入了京城内。没有人知道它的目的，它趁着夜色，竟然一口气跑到前门、下马道，最后竟然直入年羹尧家，跳到了年家的房顶上。第二天天明，北京城的九门提督率兵放枪，老虎从房上跳下，蹿入年家的后花园里，官兵追上用枪将其扎死。

紫禁城内，听到这个消息的雍正竟然陷入惊喜当中。这只白虎的出现，为雍正解决了这辈子最困扰他良心的难题。

此时，紫禁城以北，雍正心爱的皇贵妃年氏刚刚入殓。这位总是一副小鸟依人模样的女人，为帝国、为雍正、为年氏家族担惊受怕了一辈子。几天前，雍正匆匆地前往圆明园，看了这个被他宠爱了一辈子的女人。弥留之际，年氏只是用温婉而绝望的眼神看着丈夫。

雍正简直是逃跑一般离开了圆明园，住回了紫禁城。他害怕看到年妃那让他心碎的眼神。一度，他决定要诛杀年妃的哥哥年羹尧，当他听到年妃去世的消息以后，他的心一下子软了下来。就在他良心的拉锯战中，那只无端出现的白虎，让心乱如麻的雍正确信：这是上天安排的征兆。

在紫禁城南边不远的死狱中，一年之前还是帝国恩人的年羹尧，正在绝望地等待着雍正的判决。这位一度最受宠的封疆大吏，在对回信焦灼的等待中，回忆着自己的家族在雍正王朝中像坐过山车一样滑行而过的轨迹。

年羹尧出生时，他的母亲就梦到过一只白虎。家人都认为是吉兆，他会给年家带来荣耀。不过，他到了十三岁，还性格顽劣，目不识丁。这时，家里来了一位老人，要求年父建造一座庭园，将自己与年羹尧关在里面，应允三年内一定将年羹尧教化好。入园后，老人家自顾看书，任凭年羹尧在一边任意地胡闹。总算有一天，年羹尧觉得玩腻了，看到老人仍读得津津有味，便问读书有何用处。老人说上可为圣贤，次可立功名，再次可取富贵。

年羹尧沉吟良久，最后选取了求功名。经过一番苦读，康熙四十八年（1709年），年羹尧升为内阁学士，不久升任四川巡抚，成为封疆大吏，此时的年羹尧还不到三十岁。按照清代的规定，每位皇子到一定的年龄都可以得到一个佐领作为他的仆从，雍正在康熙四十二年（1703年）得到了年氏家族作为仆从。年羹尧的父亲年遐龄一度担任湖广巡抚，他的儿子年希尧、年羹尧，更是难得的人才，年家成为雍正在皇子时代最为依仗的政治力量。

真巧！年家还有个待字闺中的女儿，性格温顺，知书达礼。雍亲王有心、年家有意，于是年遐龄之女就成了雍亲王的侧福晋。雍正向来不好女色，年氏在众多福晋中间小心翼翼地搜寻自己的位置。

没几年，钮祜禄氏生下了弘历，耿氏生下弘昼。很快，雍王府中便出入各类和尚、喇嘛，香火仪式、佛唱经咒弥漫，年氏远远地看着这位"天下第一闲人"，内心深处感到彻底的孤独。

年氏渴望雍亲王的爱意。此时，二哥年羹尧在西北战线迅速地崛起。康熙五十七年（1718年），在清军击败准噶尔部入侵西藏的战争中，年羹尧保障清军的千里后勤供应，显露出卓越的军事才干。康熙授年羹尧为四川总督。康熙六十年（1721年），再升年羹尧为川陕总督，成为帝国西部边陲的重臣要员。在帝国的西部边陲，这位文武双全的封疆大吏参加了番部战争，成为帝国最闪耀的一位政治新星，更成为雍亲王挟制允禵的重要棋子。

此时的雍王府中，年氏得到了雍亲王的专房之宠。从康熙五十九年（1720年）起，她接连生下雍亲王的第七子福宜、第八子福惠。雍正即位后，立即册封侧福晋年氏为年贵妃，其名号仅次于皇后乌拉纳喇氏。而为雍正生下弘历的格格钮祜禄氏的封号，也只是熹妃！年贵妃心里明白，是兄长在西北的作用决定了自己的封号。她在怀上第九子福沛时，正好是康熙的大丧。作为新皇帝的妃子，举哀磕头行礼之事数不胜数，年氏本来身体羸弱，此番折腾不免动了胎气。

就在此时，年羹尧得到了雍正的"专宠"。雍正元年（1723年），雍正授年羹尧为抚远大将军，全权代理西部军务，川陕、云南督抚提镇等，全部要听从年羹尧的指挥，年羹尧接替了允禵在西北的实际位置，成为雍正在西陲前线的代理人。雍正的部署确有先见之明，同年十月，青海发生罗布藏丹津叛乱，西陲再起战火。雍正命年羹尧接任抚远大将军,坐镇西宁指挥平叛。

年羹尧崛起之前,西北战场被允禵的名字照耀,因为允禵显赫的战功,康熙立下阿布兰碑,如同"封狼居胥"一样纪念允禵指挥的准噶尔之战。西北战争的胜绩,也把允禵推为康熙朝炙手可热的皇太子候选人。

西北的战事决定了雍正帝位的稳固与否。雍正曾给年羹尧写下了用词缠绵的朱批,语气颇似他与年妃的床笫之语:"朕实不知如何疼你,方有颜对天地神明也。……尔此等用心爱我处,朕皆体到,每向怡(指怡亲王允祥)、旧(指步军统领隆科多),朕皆落泪告之……"

雍正的关怀,激发了年羹尧视死如归的斗志。雍正二年(1724年)的春季,青藏高原上寸草未生,年羹尧接受部将岳钟琪的建议,乘叛军罗布藏丹津准备不充分之际,出动精骑五千人,良马一万匹,日夜兼程,攻其不备。各路兵马遂顶风冒雪、昼夜兼进,迅猛地横扫敌军总部大营。当清军抵达时,叛军尚未起身,军马皆无衔勒,

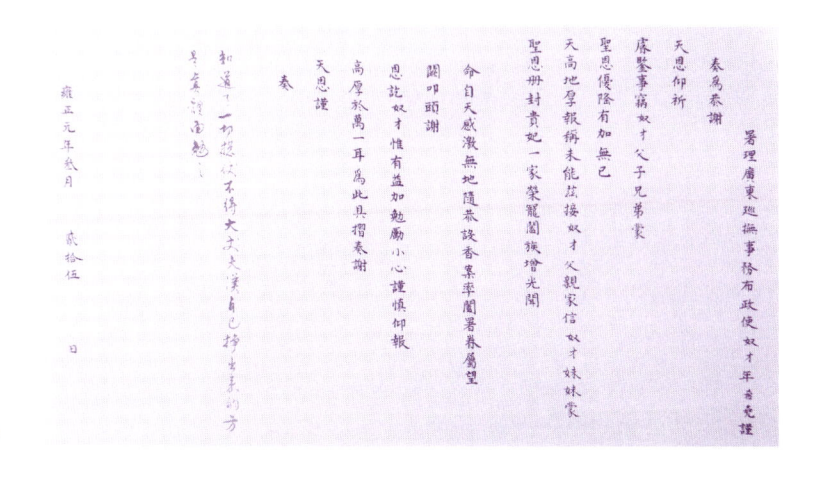

《年希尧奏谢恩折》

十万叛军在五千铁骑的冲击下彻底崩溃。此战歼敌八万，罗布藏丹津的母亲、兄弟、姐妹及头目全都被俘获，只有罗布藏丹津本人因化装成妇女才得以趁乱逃跑，投奔新疆的准噶尔部。此次进兵，清军从西宁出发到抵达柴达木大获全胜，仅仅用了十五天的时间。"年大将军"的军事神话彻底替代了允禵的战功，享誉朝野。

这次犁庭扫穴的战役，为雍正在朝中树立起了崇高的威信。特别是此次战争，军士无久役之劳，内地无转饷之费，朝廷上下，乃至八旗绿营士兵中，自此开始称颂雍正之福，畏惧雍正之威。尽管明明知道有失皇帝体统，雍正还是情不自禁地视年羹尧为自己的"恩人"，破格恩赏其为一等公。雍正还多次向年羹尧问及火耗归公等基本国策、用人与吏治等国家权柄，借用年羹尧的政治经验，补足自己在"天下第一闲人"时期落下的功课。

那是雍正与年家最浪漫的"蜜月"。在通向西安的驿站上，雍正

《年羹尧奏允禵至西安折》

竟然动用兵部的八百里加急马匹，为年羹尧送去新鲜的荔枝。一骑红尘，荔枝仅仅六天就从京师送到西安，这种温情堪比唐朝的唐明皇与杨贵妃。年羹尧的妻子生病，甚至年羹尧本人的腕伤，雍正都加以垂询。雍正满怀温情地批示："从来君臣之遇合，私意相得者有之；但未必得如我二人之人耳。"

紫禁城的后宫内，年妃仍然享受着专房之宠。不过，与雍正的鱼水之欢却给年妃带来无限的痛苦，除了她生下的雍正第八子福惠身体还算健壮，第七子福宜未满周岁便死去，第九子福沛刚刚临产便死去，第四个孩子还没有名字便早殇。自此，年氏的身体也是一落千丈。年家与君王雍正的缱绻是否也是轰轰烈烈过后，没有善终呢？

雍正二年（1724年），年羹尧进京受赏，雍正把帝国装饰成年大将军的欢迎会。雍正特令天下各地的封疆大吏齐聚北京。由礼部拟定迎接年羹尧的仪注，侍郎三泰拟定得不够热烈，被降一级。从长安到北京的路上，垫道叠桥，临街铺面一律关闭。在保定直隶总督境内，都统范时捷、直隶总督李维钧等大员跪道迎送。年羹尧进入北京之日，所有的王公大臣都跪接于广安门外。在帝国上下的欢呼声中，年羹尧完全飘飘然了。面对跪接的王公大臣，年羹尧竟然傲慢地策马而过，看都不看一眼；对下马恭迎的皇亲国戚，也只是点点头而已。更有甚者，他在雍正面前，态度竟也十分骄横，大咧咧地坐于雍正面前。

年羹尧带着重要将校进京不久，雍正便开始准备大赏军功。此时，京中传言鼎沸，连普通百姓都预知了雍正大赏的名单。此前，在年羹尧面前，吏部就形同虚设，他建议的官员，吏部一律放行通过。这次，连九五之尊的皇帝也得听从年大将军的摆布。

宫帷之内，年妃最早体会到雍正身体的冰冷。雍正对待年羹尧的一腔爱意，瞬间化为乌有。君臣之亲，本来应当有一个界限，雍正闯过了禁区，却使自己在天下人眼前尽失尊严。爱之深，才会恨愈烈。在帝国为年大将军预备的各种宴会现行背后，年妃恐惧地感到，年氏家族已经失宠了。

雍正念头稍动的刹那，被御座背后的智囊、僧人文觉看在眼中。这位法师建议在北京软禁年羹尧，以防止他在西疆坐大。北京的风头已变，年羹尧本人也有所警觉，在离京后给雍正的奏折中，诚惶诚恐地说道："奔走御座之前三十余日，毫无裨益于高深，只自增其愆谬，返已扪心，惶汗交集。"

蜜月结束了，雍正在给年羹尧的奏折上写了一段寓意深刻的话："凡人臣图功易，成功难；成功易，守功难；守功易，终功难。为君者施恩易，当恩难；当恩易，保恩难；保恩易，全恩难。若倚功造过，必至返恩为仇，此从来人情常有者。"

雍正的变脸，完全惊吓住了另一位宠臣隆科多。雍正在即位的第十一天，就下了一道奇特的圣旨，改称隆科多为"舅舅"。这位皇帝"舅舅"在雍正即位初期的表现颇为卖力，雍正赠给他一连串的冠名："'舅舅'真是圣祖皇考之忠臣，朕之功臣，国家良臣，他是当代第一超群拔类之稀有大臣也。"不久，隆科多与年羹尧同时得到雍正颁赏的双眼花翎、四团龙补服等超乎寻常的赐品。在这段和睦时期，雍正做主把年羹尧之子过继给隆科多，君臣三人亲如一家。

不过，到雍正翻脸之际，一家岂不成为朋党？

老练的隆科多感受到新皇帝的疑忌，尽管他专断揽权的行为远比年羹尧隐秘，他还是主动提出辞去步军统领一职。这种洞察让雍正也吃了一惊，他自信还没有向隆科多透露什么消息，"连风也不曾吹"，这只老狐狸就已经准备退路了，并且让下人们悄悄地把自己的财产送进了西山寺的庙里。

"舅舅"既然自己扳动了死亡的倒数计时，雍正便毫不客气地准备让与隆科多不甚亲密的巩泰接手步军统领一职，并开始了对隆科多的打击。

当爱意消失以后，一切甜蜜的过去都会变成一场愚弄。雍正开始复仇了，他要把年羹尧得到的，一样一样取回来，并且加倍报复。年羹尧还没有回到西安，雍正就开始告诫年羹尧的亲信，要离年羹尧远点，希望这些亲信与他一道，搞垮年羹尧。但是君心莫测，年羹尧的势力太强，无人敢于揭发。雍正一封封亲自批过的奏折发了出去，年羹尧的亲信依然处于缄默状态。

雍正开始寝食难安了。他听说过年羹尧治军极严，一言既出，部下必须令行禁止，绝对不能有半点迟疑。一次，年羹尧乘轿子外出，正逢天降大雪，随从扶轿的手上，不一会儿就积满了雪花。年羹尧心生悯意，叫随从不必扶着轿子了，下令说："去手！"随从没领会年大将军的意思，竟然各自拔出佩刀，斩断了自己扶轿的手，鲜血淋淋洒遍了雪地。没有人敢问年羹尧的具体意思，足见他平时为人的暴戾和凶残。

就在雍正百思不得其计的郁闷之时，一个即将问斩的死囚竟然点明了他。雍正三年（1725年）正月，原四川巡抚蔡珽被押至京城。蔡珽被年羹尧弹劾，根据刑部的意见要处斩。这位死囚没有被拉入大牢，而是被送往了紫禁城。蔡珽借机向雍正陈述年羹尧的种种不法之处。

康熙年间，蔡珽以学问优长供职翰林院，并晋升为掌院学士。年羹尧作为雍正府邸之人，秘密为雍正搜寻亲信，于是向雍正举荐了声望颇高的蔡珽，并夸口说："臣传王谕，伊必来效力行走。"未料到他第一次去请蔡珽时，却遭到了蔡珽的拒绝，一开始，年羹尧便对蔡珽有了成见。

康熙末年，年羹尧升为四川总督，蔡珽出任四川巡抚，矛盾冲突进一步激化。年羹尧已盘踞四川十余年，蔡珽的到任改变了年羹尧一手遮川的局面。雍正初年，正是年羹尧得势之时，雍正对蔡珽满是斥责、教训。年羹尧建议在四川开鼓铸局，蔡珽以四川不产白铅为由，反对此议。年羹尧借机立即弹劾，蔡珽因"阻挠公事"被革职。在革职的苦闷中，蔡珽斥责了重庆府知府蒋兴仁，这位刚烈的部下竟然用小刀戳腹自杀。蔡珽再遭年羹尧的弹劾。

此番，蔡珽成为第一个公开揭发、弹劾年羹尧之人，从而拉开了整治年羹尧的序幕。他彻底揭露出年大将军的种种逾矩行为。在西北，下人们给年羹尧送礼要叫"恭进"，他送给人东西叫"赏赐"；属员道谢要说"谢恩"，新官报到要称"引见"。他写给同级别的将军、督抚的函件，也不用咨文而用令谕，简直就是视同僚为下属。年羹尧以"军前效力和学习理事"名义，扣留了许多中央或外省官员的子弟在其幕中。这些子弟成为年羹尧手中的人质，以迫使这些官员依附于自己。

蔡珽率先弹劾以后，年羹尧的阵线崩溃了。昔日亲信知道年羹尧"诸事败露"，为了免被牵连，减轻罪名，争先恐后地弹劾揭发年羹尧。一时间，朝里朝外兴起了一股揭发年羹尧罪状的热潮。雍正彻底掌握了年羹尧一案的主动权。雍正三年（1725年）正月，他将图理琛调补西安布政使，进而全面更换川陕官员。

同年二月初二庚午，大清国的天幕上出现了日月合璧、五星连珠的天文盛景。这种七星聚曜的盛景，与其说是真实发生的，不如说是钦天监为了皇帝开心而进行的虚构。大臣们纷纷引证高阳帝、汉高祖、宋太祖等实事，要求庆贺。

满朝文武一片祥和之际，陕西西安的帅府内，年羹尧却感觉到手脚发冷。此前，年羹尧表贺"日月合璧、五星连珠"时，将"朝乾夕惕"写作"夕惕朝乾"，成为对皇帝"不敬"的口实。雍正下诏责问，并且大发雷霆地表示："年羹尧的青海战功，朕亦在许与不许之间而未定也。"既然雍正会把纪念十四阿哥的阿布兰碑砸得粉碎，也会将年羹尧最重要的功绩——青海之功瞬间抹去。

年羹尧绝望地想到，七星聚曜的天象，就代表了雍正本人的"心象"，透露出雍正对朝廷政治重组的渴望。两个月后，雍正下诏命年羹尧交出大将军印，调任浙江杭州将军。雍正在年羹尧谢恩的折子上写道："朕闻得早有谣言云'帝出三江口，嘉湖作战场'之语。朕今用你此任，况你亦奏过浙省观象之论。朕想你若自称帝号，乃天命数也，朕亦难挽；若你自不肯为，有你代朕统此数千兵，你断不容三江口令人称帝也。此二语不知你曾闻得否？"

在江苏仪征，年羹尧看着茫茫的贬黜之路。西安至此的陆路将尽，前方是河道纵横的水乡。他再次看看朱批，上面满是雍正情感被欺骗后的愤怒："朕览之，实实心寒之极，看此光景，你并不知感悔。上苍在上，朕若负你，天诛地灭；你若负朕，不知上苍如何发落你也。"年羹尧看不懂雍正这无情的恨意，他小心地试探雍正的态度。

雍正接到奏折后，怒斥年羹尧中途逗留，不知是何居心。年大将军不知，他的行程已被整个帝国的官员们窥探。直隶总督李维钧发现，年羹尧未动身前，已有不计其数的骡驮车载出函谷关，起身之后，尚有一千驮未行停留在西北，等待骡车驮运；新的川陕总督岳钟琪发现，年羹尧动用牲畜二千二百二十二头，秘密地将家产从家送到京师、直隶、湖广、江南、宁夏、山西、兰州、山东等地；镇海将军何天培发现，年羹尧渡江时，前后跟随船只不计其数，陆续而往，船窗皆闭，船中人等故为藏匿，并无一人出面，甚是诡秘。

年羹尧到达杭州之际，上千家人也跟随到达杭州。后来者尚未知其数，杭州将军的衙门里早已住满了人，后来者不得不另造房屋百余间居住。雍正闻讯大怒，将年羹尧贬为闲散章京①。

就在年羹尧的大队人马在杭州城内寻求安置之时，雍正正为蔡珽举办大宴，为他压惊，为他庆贺。年妃绝望地看到，这个年家的仇家，已经获准移居到了圆明园，雍正把曾经对年羹尧的幸宠迅速地赐给了蔡珽，一样如此温情脉脉："朕安，你好吗？一切典礼天时人情甚属如意，特谕令尔喜欢。"

---

① 章京：办理文书的小官。闲散章京是没有固定职务待用的小官。

处决年羹尧，进入帝国的"现场直播"之中。此时，雍正征询各地方大员对年羹尧的处置意见。直隶总督李维钧连奏三本，广西巡抚李绂斥责年羹尧阴谋叵测，大逆不道。各省总督、巡抚的回奏几乎异口同声，都一致要求将年羹尧明正典刑，以彰国法。雍正把他们的奏疏逐次发示年羹尧，并令其看后明白回奏，在心理上彻底摧垮了年羹尧。

兔死狐悲。此时的隆科多，竟不识时务地提出，还应继续保留年羹尧的三等公爵位。因他如此明目张胆地庇护年羹尧，雍正下令削其太保衔。年党成员，宁夏总兵王嵩、兴安镇总兵武正安、南赣总兵黄起宪等人，都被雍正罚罪。

年羹尧以闲散章京的身份，闲坐杭州涌金门时，卖薪贩菜的行人百姓均不敢出其门！年大将军在此，谁敢出门吆喝？随着奏报传说纷至沓来，雍正的脸色愈见阴沉，那年的九月二十二日，年羹尧的闲散章京也被革掉。

雍正贬年羹尧一次，就提拔蔡珽一次。四月，年羹尧被贬为杭州将军，蔡珽已经由死因犯升为左都御史兼正白旗汉军统领；七月，年羹尧被贬为闲散章京，蔡珽被提拔为兵部尚书。八月，蔡珽代理直隶总督，年羹尧九月被削职为民。

雍正三年（1725年）十一月初三，年妃的兄长是披枷戴锁被押送到北京的。年妃无法到大狱中看望兄长，她只能看到圆明园内的蔡珽志得意满的笑脸。强烈的刺激使她一病不起，雍正看望她后又匆匆回宫。年妃只能沉默地盯着雍正，她早就教儿子福惠，每次见到父亲雍正时，要更乖巧一些。或许孩子的眼光，会救舅舅年羹尧一命……

　　雍正终于逃回了紫禁城。在空荡荡的圆明园里，年妃听到了消息，她将被册封为皇贵妃。这一册封意味着什么？仅仅是对一个行将死去的女人进行安抚吗？是体现皇家的浩大天恩吗？还是雍正想把自己宠爱的年氏同年羹尧区别开来？年妃只知道，丈夫的这个安抚没有任何意义。还没等到加封之礼，年妃便绝望地去世了。

　　就在雍正怀念年妃的日子里，一只白虎闯入了年羹尧家荒芜的宅院之中。年羹尧出生时便是白虎之兆，雍正即位元年也梦见老虎。雍正兴奋地对蔡珽说，上天已经如此明彰地降下征兆，朕的杀意已决。

　　在北京城的监狱里，年羹尧写下最后一封信向雍正帝求饶："臣今日一万分知道自己的罪了……求主子饶了臣，臣年纪不老，留作犬马自效，慢慢地给主子效力。"

　　此时，崇佛的雍正才知道，在平定罗布藏丹津的战役中，年羹尧竟直接残忍地屠杀了西宁喇嘛寺的无辜僧众，两大寺庙共达五千多人无一幸存。当时，他的军报是喇嘛寺寺僧参加反叛，说自己"杀敌甚众"。雍正传谕道："青海用兵以来，尔残杀无辜……即就所议九十二款，尔应服极刑及立斩者三十余条……"

　　看在年妃尸骨未寒的分上，雍正允许年羹尧自尽，家族的大多数人也只是免官而已。雍正冷冰冰地说："尔自尽后，若稍有含怨之意，则佛书所谓永堕地狱者，虽万劫亦不能消此罪孽也！"

　　年羹尧接到雍正让他自裁的皇令，都不敢相信自己的眼睛，迟迟不肯动手。他总想到雍正当年对他的甜言蜜语："不但是朕心倚眷嘉奖，朕世世子孙及天下臣民当共倾心感悦。若稍有负心，便非朕之子孙也，稍有异心，便非我朝臣民也。"

此时诸大臣都在，年羹尧迟迟没动，希望能够看雍正最后一眼再死，他总幻想着雍正赦免的诏书会突然而至。大臣们在沉默中唏嘘，只有蔡珽一人厉声叱之。在蔡珽的严加催促下，年羹尧最终绝望地自缢。蔡珽如愿以偿地获得了年羹尧在北京的那套宅院，还有二百二十五口奴婢和大量的金银、首饰、器皿。

在年羹尧考虑带着什么心情去死的瞬间，河南巡抚的府上，绍兴师爷邬思道正在问询河南巡抚田文镜一个问题："公愿为名巡抚呢，还是做普通巡抚？"田文镜说："谁不愿意做名巡抚，庸庸碌碌有什么意思？"邬师爷说："公若愿为名巡抚，须任我草一疏上奏，但疏中一字不能令公看。"很快，邬师爷写就的奏折盖上田文镜的盖印发出。此时，邬师爷才告诉他，这是弹劾国舅隆科多贪污受贿等罪行的奏章。田文镜连连叫苦，邬师爷笑道："皇上早欲除去此人，不过苦于没有借口而已。"

此时，隆科多正在为自己的身家性命做最后的努力。在一封奏折中，他自比诸葛亮，说什么白帝城托孤云云，他在向雍正表白自己的清正廉洁，表达着对皇家的忠诚，表示他希望对雍正王朝"鞠躬尽瘁，死而后已"。这些举动不过是徒劳的挣扎，雍正已经将田文镜的奏折交部臣议处，最终，隆科多在北京畅春园附近被永久监禁。畅春园是隆科多发迹的地方，隆科多人生的终点回到了起点，"永久"并不久，两年后隆科多死于禁所。

年羹尧刚刚自缢，北京最热闹的菜市口的闹市区中，就悬挂起一个血淋淋的人头。这是"年党"中汪景祺的人头。在处理年党中，雍正发现了这位文士撰写了《读书堂西征随笔》一书，他为年羹尧写过"皇帝挥毫不值钱"诗句，谀称年羹尧为"宇宙第一伟人"，雍正以"诗文悖逆"等罪名对其枭首示众。

这是雍正王朝中的第一例文字狱，汪景祺的人头一挂就挂了将近十年。这个死去的人头将会看尽雍正王朝的各种沧桑。汪景祺的《读书堂西征随笔》中，记载了四川夔州知府程如丝的罪行。当私盐船经过夔州时，贪婪的程如丝竟然悉数夺之。私商不服，程如丝便集合吏人、乡勇、猎户、汛兵等几千人镇压，鸟枪弓矢竞发，商人过客毙者无算。四川巡抚蔡珽却庇护了程如丝。年羹尧对程如丝进行了弹劾，雍正下令将程如丝革职拿问。蔡珽在圆明园内，竟然力言程如丝为天下第一清官，一时间竟然骗过了雍正皇帝。不久，蔡珽因此案受到牵连，被判了斩监候。

年羹尧在北京的那套白虎出没的房子，再次易换了主人。但是，菜市口的那颗人头却一直在闹市中悬挂。年妃死后，雍正对他们的儿子福惠十分宠爱，程度超过别的皇子。但是仅仅三年以后，年仅八岁的福惠也夭折了。此时，年过十八岁的弘历连贝子还没有当上，八岁的福惠却以亲王的规格礼葬。雍正就是用这个过格的方式，对年妃的苦闷与煎熬致歉，埋葬了自己即位之初的那段热恋。

直到乾隆即位后，这个过于惨烈的冤案才得到纠正，乾隆释放了年羹尧、隆科多的家人，让那些受到牵连的同党们再次步入政坛，汪景祺家族也陆续从黑龙江等地释放归来。只不过，那一直悬挂着的人头早已风干成为一具骷髅。

第六章
大义觉迷

雍正六年（1728年）五月，湖南安仁县大路边的一个学馆门口，一个不起眼的教书先生曾静，把一封信交给了自己的门生张熙。两个人都知道，这是一封能掀起狂风波澜的谋逆书信。看着张熙的身影一点点地消失在北方，曾静忍不住抬头看看天，没有云朵，空洞而湛蓝无比，这一方天空没有任何征兆。

曾静是一个普通得无法再普通的读书人。他原是安仁县生员，因考试劣等被革退，于是放弃学业在区域教书，人称蒲潭先生。曾静两代贫寒，与哥嫂落魄地住在一起，收得张熙等生活更加窘迫的学生。在安仁县那块小小的天空下面，曾静失意中常杂记一些道听途说的东西和读书心得，当然最多的还是骂骂雍正的政府。他的著作中，列举了雍正的十大罪状。每一条罪状，都编写得活灵活现，那里说雍正与父皇多年来"为仇为敌"；说仁寿太后之死是被迫自杀的；说允祀、允禩、允禟之死是被杀害的；说年羹尧、隆科多两案是"诛忠"；说雍正帝收纳了废太子的妃嫔，常带着大臣在圆明园饮酒作乐……

曾静撰写的《知新录》，简直成为一部攻击雍正朝政治的百科全书，他攻击了"七星聚曜""黄河澄清"这两个雍正最为得意的祥瑞。他认为这两个征兆非但不是圣人、盛世的吉兆，反而是阴尽阳生、乱极转治、改朝换代的机会。曾静很明显是一个研究上天征兆的高手。雍正即位以来，孔庙的大成殿被大火烧毁，朱熹祠庙又遭了火灾。他说雍正朝五六年内，全国范围内寒暑复原，五谷歉收，忽雨忽旱；荆州、襄阳、岳阳、常德等府连年水灾，洪水滔天；吴、楚、蜀、越等地方，旱涝不断。他进而说，清朝入关八十年来，"天运衰歇，天震地怒，鬼哭狼嚎"，将华夏与外夷的区分上升到无限的高度："华夷之分，大于君臣之伦……为城中第一义。"他还嘲笑清朝的官服是"孔雀翎，马蹄袖，衣冠中禽兽"。曾静的思想，直接来自康熙朝的理学名士吕留良。曾静读过吕留良的著作，特派张熙到吕留良的家里去抄写他的著书，甚至认为吕留良这样的绝粹大儒才配当皇帝。

长久以来，浙江人吕留良，总愿意抬头看着浩渺的天空。根据古书的记载，南宋被元朝灭亡的时候，天地就发生了亘古没有的大变，今天，这种大变再次出现了。当明朝最后一个政权——南明的永历帝在缅甸被俘递解回国时，满、汉的官兵都倾心地向他下跪；当永历帝被处死时，"天地阴霾，日月无光"，百里以内的关帝庙都遭雷击。吕留良曾参加抗清斗争，康熙年间隐居山林，朝廷逼他出仕，他誓死不赴，乃至于削发为僧。吕留良的学说尤重"华夷之辨"，他的笔下称清朝为"清""北""燕"等，而不依照当朝通用的"大清""圣清""国朝"等称呼，著作中处处表露憎恨清朝、思念明朝的思想。

《吕留良画像》

张熙在吕家抄录了吕留良的一些诗文，拜访了吕留良的几个门人，吕留良的学生严鸿逵告诉张熙一些子虚乌有的天象：雍正即位以来，索伦（今内蒙古海拉尔）发生大地震；热河（今河北承德）大水，淹死满洲人两万多。严鸿逵一日观天象时，发现上天给了他一个强烈的预示：数年之内，吴越之地将在市井中发生反清起义。

曾静认真地听完张熙讲拜访吕留良的经过，已经确认雍正王朝的覆灭指日可待，只需找到一个挑头的人即可。曾静在县城里听到小道消息，当朝的川陕总督岳钟琪正是这样的理想人选。曾静听说，岳钟琪曾经上疏指责雍正，而雍正三次召唤，岳钟琪均不赴京。于是曾静选取岳钟琪为策反人物，他精心地炮制一封策反信，派遣张熙和他的堂叔张勘同行前往投呈。

在他们上路之前，曾静预料到凶多吉少，便在张熙衣服的底面写了几句话和"蒲潭先生卒于此"字样，提防一旦发生意外好让别人认尸。张熙当了家产作路费，携带给岳钟琪的策反信赴陕投书，一路晓行夜宿。他们在路上打听到岳钟琪是当今皇上重用的封疆大臣，皇上非常宠信他。二人听罢心灰意冷，张勘更是只身溜回家里。但张熙想了想，再回安仁县已经没有栖身之地，于是意志坚定地接着走下去。

雍正六年（1728年）九月二十六日，在陕西西安的一条大街上，川陕总督岳钟琪的轿子被人拦住，一个衣衫褴褛的男子拦轿投书，

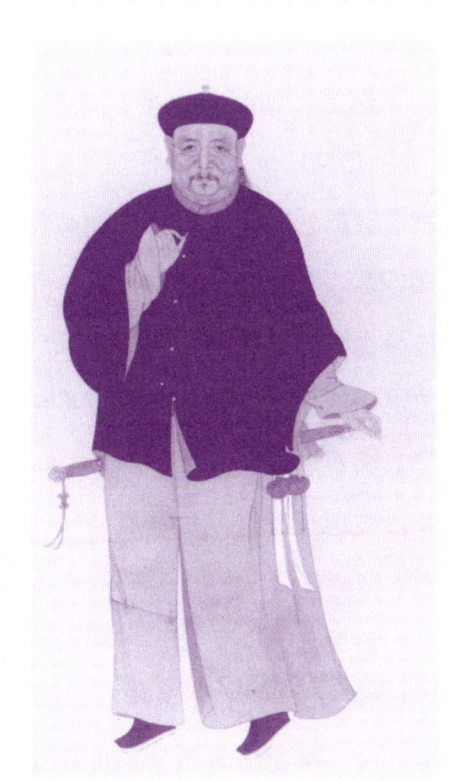

清人绘《岳钟琪画像》

青海一役，岳钟琪得到雍正赏识。年羹尧获罪后，岳钟琪接任川陕总督，执掌西北军务。但此后岳钟琪因对准噶尔战争的失败，成了雍正帝的泄愤工具。雍正十一年（1733年），岳钟琪于军前被囚禁，次年，被定死罪，监候待决

书函的封面所写收件人名号是"天吏元帅"。岳钟琪当即把投书人带进署中,自己连忙拆读书函。原来"天吏元帅"是写信人对岳钟琪的敬称,信中对雍正极尽指斥、责骂之词,认岳钟琪为岳飞后裔,以岳飞抗金的事迹激励岳钟琪,希望岳钟琪掉转枪头指向金人的后裔满洲人,为宋、明两朝复仇。

岳钟琪看完书函的第一个反应就是:是否天要亡我?岳钟琪是四川成都人,雍正初年随年羹尧平定青海立了大功,年羹尧死后,他破例升任川陕总督,掌握三省重兵。当时朝野都传说他是岳飞的后代,臣僚中尤其是满洲贵族中的许多人对岳钟琪忌恨、猜疑,诬陷他,说他靠不住的密疏有一大堆,竟然连雍正最信任的十三阿哥允祥也对他产生怀疑。

雍正一朝,有许多对重要朝臣先捧后杀的狱案,岳钟琪深有"高处不胜寒"之感,他是否要成为第二个年羹尧?如今竟有人上门投书策反,使岳钟琪感觉如鲠在喉。他暴怒至极,决定亲自提审张熙,并对张熙施以重刑。这位乡下书生几次被打得昏死过去,几次被冷水泼醒,他发现,这个肥头大耳面目狰狞的高官,怎么也不像传说中的岳飞之后。张熙拒不招供,只说他们的势力范围很广,湖广、江西、云南、贵州等省,这些地方民众反清情绪高涨,可以一呼百应群起反清。岳钟琪精神几乎崩溃,不久前刚刚有人在成都街头大喊"岳公爷带领川陕兵马造反",如今这个书生竟然声称拥有数省的造反力量,岳钟琪当即密奏雍正,恳求雍正允许把这个棘手的罪犯解送到京城,交给朝廷审讯此案。

雍正接到岳钟琪转寄的策反书时,惊讶得哭了。他随即将张熙

《岳钟琪为谗言自辩奏折》

一党定性为"从古至今最叛逆不道"的恶贼。允禩、允禟、年羹尧、隆科多等大规模狱案刚刚过去,张熙投书案成为雍正心中的当朝第一狱案,并且这是一桩"根株蔓延"的大案。它不仅涉及允禩集团余党、敌视满人的吕留良,而且包括年羹尧、隆科多狱案中漏网的同党,还包括那些打着"朱三太子"名义反清复明的党徒,甚至不排除"勾通"外洋的可能。他在大臣田文镜的奏折上批复道:"遇此种怪物，不得不有一番出奇料理的手段，方能使悖逆之人就范。"

雍正的一番"出奇料理"，几乎处处违背皇帝处置钦犯的常例，以至所有的当事者、满朝文武大臣、天下士人不断地陷入巨大的惊诧中。

"朕与卿君臣之情，乃无量劫之善缘同会！"那一年，雍正刚刚给岳钟琪和他的下属看完生辰八字，在命相上雍正终于相信了岳钟琪。雍正最终下结论道："总之，你岳钟琪就是朕股肱心腹之大臣。"

看罢雍正的朱批，岳钟琪惊喜之下感动得痛哭不止，他当即派人密邀陕西巡抚、满人西琳来署会审。安排妥当后，岳钟琪把张熙让到了内室，笑容可掬地亲自为他解下绳索，并让座、捧茶，以礼侍奉，他流着眼泪诚恳地对张熙说："我岳某早有谋事反清意图，只为处境艰难，不得已对志士动用刑讯，以图掩人耳目，看你是真是假。"

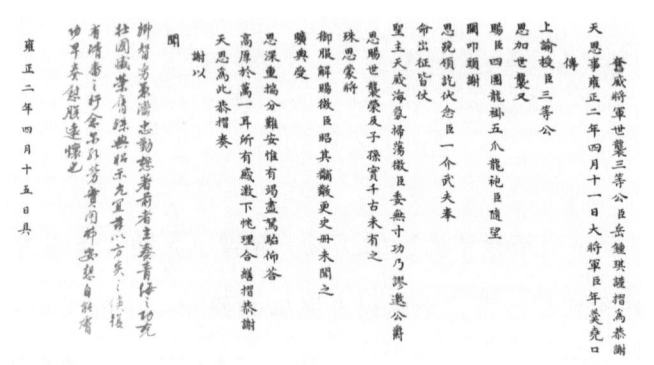

《岳钟琪谢恩奏折》

张熙是个山村里长大、未见过太多世面的读书人，哪里受得了这番"出奇料理"。他与岳钟琪在密室结为金兰之交，二人焚香对天跪拜，叩头泣血，迎聘曾静为师，决心以推翻清朝为己任。张熙将他恩师和与恩师交往密切而又诋毁清朝最严重的人的姓名和住址，一一告诉了岳钟琪。张熙根本没有想到，岳钟琪早已安排按察使、满人硕色①在隔壁监听。听闻了硕色的密报，雍正已经为张熙、曾静等人布下了天罗地网。

天气好的时候，曾静总愿意到村口待上一会儿，等待张熙的信息。整整五个月过去了，他开始考虑前去陕西认领张熙的尸体。没想到，十月的一天，他竟然遇到副都统海兰、湖南巡抚王国栋。两位大员将曾静及其"同党"、亲属们押到了长沙。与此同时，浙江总督李卫捉拿吕留良亲族、门生，搜缴其书籍著作，抓捕了数十名重要人犯。当曾静接受刑部侍郎杭奕禄的审问时，他认为必然会被株连九族。但是令他百思不得其解的是，这位威风凛凛、掌握生杀大权的朝廷大员，竟然耐着性子为曾静这一干囚犯宣讲清朝列祖列宗的"深仁厚泽"，讲述雍正皇帝的"天地之量、尧舜之仁"。经过一番讲述，这些被吓得魂飞魄散的囚犯当然会意地痛哭流涕。

望着北京湛蓝的天空，雍正自信地微笑了。他满意于自己看懂了湖南的天象。雍正五年（1727年）以后，湖南连年遇到自然灾害，粮食歉收。雍正以湖南当地人事判断这些灾害的原因，一是奸民谢禄正等人逞凶肆恶；二是前年的水灾中，一些乡匪煽动群众乘机劫取米粮，尤其是曾静等逆党灭绝天良，正是因为这些刁民的乖戾之气上通于天，以致旱涝不时地发生。古书云"天变示警"，曾静以这些灾害攻击了雍正的失德，雍正则将此"帽子"还给曾静，并且赋

---

① 硕色：1748年11月24日—1750年2月9日，担任两广总督，是兼辖广西地区的广东、广西两省之最高统治者，亦为清朝封疆大吏之一。

予了自己"替天行道"的责任！

雍正微笑于宠臣鄂尔泰对自己的支援。曾静投书案表明，天下许多人把他当成杀父篡权的凶手。就在这个节骨眼上，云贵总督鄂尔泰竟然连报祥瑞，雍正六年（1728年），雍正生日那天，云贵四府三县都出现"五色卿云"，雍正七年（1729年）闰七月，鄂尔泰又奏报，贵州思州和古州在一个月内，祥云连续出现七次。古书讲"卿云"出现是天子孝顺的表现，封疆大吏鄂尔泰竟然在大庭广众，指着空荡荡的天空声称看到"卿云"，大理县刘知县忍不住当面奚落道："我怎么看不到卿云啊，莫非是眼里眯了沙子？"

尽管被下属如此嘲笑，鄂尔泰还是在雍正王朝的天空下，频频"发现"嘉禾、瑞鹤、卿云、醴泉等祥瑞。云贵总督以种种"祥瑞"，支援着皇帝与山村书生的斗争，硬说"卿云"是"皇上大孝格天"所致。雍正则以"卿云"之故，给云贵官员普遍加官晋爵，鄂尔泰由头等轻车都尉授三等男爵，云南提督郝玉麟从云骑尉晋为骑都尉，巡抚、提督、总兵各加两级，知县、千总以上俱加一级。鄂尔泰对奚落他的大理县刘知县不但不记仇，反而嘉许他的公直，向雍正表彰他。

雍正更会心地笑了，这个山村书生曾静，给了他一次向全国百姓澄明自己心迹的机会，给了他一次光明正大地打击敌人的机会。发案之初，雍正便对曾静等人的自投罗网深感庆幸，说是"上天神明之德，非人力之所能者"。作为谣言的受害者，他可以光明正大地打击政敌，宣扬自己。

雍正下令彻底追查曾静谣言的根源。曾静听来的小道消息，来自安仁县生员何立忠、永兴县医生陈象侯,何、陈则听闻于茶陵州的风水先生陈帝西,陈帝西则是在去衡州的路上,听到了几个旗人的闲话。在换了几批追查的大员之后,湖南巡抚赵弘恩发现所有的谣言都来自已经败亡的允禩集团,是允禩身边的几名太监在流放广西、云南途中散播的。这样,雍正打击残余政敌又有了新的借口。雍正下令,将散布流言的允禩集团残余分子统统罪加一等。

这番"出奇料理"还在继续。雍正七年(1729年),雍正将所有在押人犯解到京师对质定罪,成竹在胸的雍正帝在朱批中向宠臣们"吹风"说:"既遇此种怪物,不得不有一番出奇料理,侧耳以听可也。"

曾静在北京受审竟然长达八九个月,雍正特令杭奕禄①收集各省数百份奏报给曾静阅读,这批奏报来自各省总督、巡抚及其他大臣,内容涵盖各类事务。这位山村书生得以管窥整个帝国政务的运行,他亲眼看到雍正与岳钟琪如何精诚合作处理军国大政,更看清其逆书一案及其处理在整个王朝千头万绪事务中所处的位置。

在成堆的奏章中,曾静惊讶地发现雍正对各地奏呈的祥瑞明察秋毫,并不轻信。如:安徽学政上奏说发现了象征吉兆的灵芝,山东曲阜衍圣公报称亲见祥云,都被皇上驳回。曾静还看到关于处理福建官员马姓家臣的密折,此人散布了"有人将在福建捕杀男童"的恶毒谣言。曾静此刻感到自己像蚂蚁一般渺小:过去,他肯定会采信这一类流言并写入自己的著述。曾静进而对雍正产生了无限的

---

① 杭奕禄:完颜氏,满洲镶红旗人。雍正元年,授额外员外郎,后补御史,即迁光禄寺少卿。雍正三年,迁光禄寺卿。

崇拜："亘万古之圣君哲后莫与媲。而即比自朝至暮，一日万机，件件御览，字字御批。一应上任官员，无论内外大小，每日必逐一引见，谆谆告诫以爱民扶绥之至意……直至二三更，方得览批各省督扶奏折，竟不用一人代笔，其焦劳如此。"①

对于雍正的"出奇料理"，九卿大臣大为不满，纷纷上疏要求将曾静等谋反之人凌迟处死，即便碎尸万段也不足平臣民之愤。雍正的说法则又是一番"出奇"，他说正是因为曾静等人的自投罗网，才供出了流言的根源是阿其那、塞思黑手下的太监，要追出元凶，最终晓谕百姓。如此看来，"从古所未见的逆贼"曾静等人，反而为雍正王朝立了大功。雍正下令，无罪释放曾静、张熙等人，同时宣布：将来继位的子孙也不得诛杀他们。

雍正八年（1730年）年初，曲阜孔庙的修缮工程进行到大成殿上梁的前两天，五彩的卿云在曲阜的天空中出现。就在此时，雍正皇帝正在为他的一部新书收尾。这本书中，集中了雍正处理曾静一案中的所有上谕，附上了曾静的口供与表达忏悔的文章《归仁录》，在结尾处加入了雍正对于此次孔庙祥瑞的谕旨，曾静关于孔圣人之心的回答。曾静在此案中的表现给了雍正以灵感，雍正将这部汇集著作定名为《大义觉迷录》。

这一年，雍正与曾静都到了天命之年。一年时间，《大义觉迷录》颁发到全国各路府州县，使全国的读书士子观览知悉。同时下令逐一询问全国士人的意见，是否可以将已去世的吕留良及他的儿子吕葆中锉尸枭众，另一个儿子吕毅中斩决，将吕留良所著文集、

---
① 出自《大义觉迷录》曾静供词。

诗集、日记尽行燔毁。这个表态运动持续到雍正十年（1732年），成为这场长达四年狱案的结尾。这场波及全国的表态中，天下所有的读书人都作出了不与吕留良"同流合污"，亦即不得"腹诽朝政""笔之于书"的保证，他们同时发现，他们生活在一个充满凤凰、卿云、嘉禾、瑞鹤的神奇盛世中。

离开北京的时候，曾静忍不住抬头看看天空。雍正已事先做好安排，让曾静与张熙到江宁、苏州、西安等地现身宣讲《大义觉迷录》。曾静自始至终没有见到过雍正，此生却永远烙上了雍正的印痕。曾静起程离京时，雍正竟然遣了内廷管事的太监御赐了一包衣服和其他一些物件。此时的天空，没有一丝云朵，无比湛蓝也无比空洞，没有任何征兆。曾静紧了紧行囊，向京城通往南方的大路走去。

清内府刻本《大义觉迷录》，雍正七年（1729年）九月刊行。故宫博物院藏

第七章 ∨∨∨
红楼一梦

雍正六年（1728年）的初夏，十多岁的少年曹雪芹随同祖母、母亲等全家老少，由南京的西园漂泊到了北京，开始了穷困潦倒的悲凉生活。这里比不得南京的豪宅，曹家的十三处房产都已被当朝皇帝清查一空，上上下下一百一十四口人，住进了位于崇文门外蒜市口的十七间半小院曹家旧宅。这个金陵一度最为奢华的第一家族，只剩下三对仆人。

此前的两年中，曹家的顶梁柱——曹雪芹的叔父曹頫将曹家所有的家产都进行了清查变卖，整整两年，他一直戴着那副六十斤重的木枷，他的脖子上永远留着罪犯的痕迹。在那些无比艰涩的岁月中，曹雪芹总会回忆南京城内曹宅里的那块大石头，想把曹家数代的荣辱刻在这块石头上。这个家族，从曹玺一代崛起，到曹雪芹，已是一个"百年望族"。叫"石头记"也好，还是其他什么名字也好，只要它能够镌刻曹家在康熙和雍正年间的浮沉与荣辱。

不管怎样说，曹雪芹的记忆都会从自己的太爷爷曹玺开始。曹家出身于正白旗包衣，世代为皇室的家奴。不过，包衣的地位逐渐提升，曹玺迎娶的孙氏曾经作为康熙的保姆，教导过这位入关后第二个皇帝的饮食、言语、行步等礼节。

清宫廷画家绘《雍正帝行乐图》之十

　　曹家的好运气接踵而至。在康熙二年（1663年），曹玺出任江宁织造，监督制造和采购宫中使用的丝绸织物。江宁织造的品级不高，却是"钦差"官员，每当织造到任，地方督抚必须亲自迎接，跪请"圣安"。曹玺的儿子曹寅早早就被康熙看成是"嬷嬷兄弟"，小时候曾经陪伴过康熙读书，二十多岁时被提拔为御前二等侍卫兼正白旗旗鼓佐领①。这位风流潇洒、八面玲珑的年轻包衣精于箭术，弓马娴熟，善于诗文，在京城内结交纳兰性德等许多著名诗人。康熙二十三年（1684年）六月，忠心耿耿的曹玺在南京的任上病逝。

---

① 旗鼓佐领：包衣佐领的一种，由早期归附的汉姓人丁组成，但并不是汉军八旗的一部分。根据《八旗通志·旗份志》记载，旗鼓佐领隶属于满洲八旗包衣参领之下，因内务府三旗包衣佐领在行政系统上独立于八旗之外，与八旗平行，旗籍不冠上满洲旗，而为单纯的"内务府旗籍"，仅在少数八旗类同的事务才归八旗满洲都统衙门管理。

那年冬天，曹寅南下江南，开始了在江南协理江宁织造事务的岁月。

在江宁织造的衙门府上，办理父亲的丧事时，曹寅亲手栽植了一棵楝树，他希望曹家从此在江南扎下根来。作为康熙的亲信，曹寅有"密折奏闻"的权力，担负着监视江南官场、密报南方政治动态及笼络汉族上层知识分子的重任。才气十足的曹寅，与江南人士的交游更加广泛，甚至以超乎寻常的人格魅力征服了那些明朝的遗老，成为主持东南风雅、众望所归的人物，在江南地区享有极高的声誉。

随着曹寅家族的崛起，他的妹夫李煦同样在江南扎下根来。这位康熙年间畅春园的总管，也随着曹寅南下，管理苏州织造，随后他们共同管理两淮巡盐事务，两个家族自此更加盘根错节，相互倚

清宫廷画家绘《康熙帝南巡图卷·校场阅兵》。故宫博物院藏
胤禛曾亲历第三次康熙南巡，途经江宁观看校场演武

仗。很久以后，李煦成为曹雪芹笔下林黛玉的父亲林如海的原型。

胤禛二十六岁那年，在陪同康熙南巡时，便把曹寅看成了一位"把银子花得像淌海水似的"人物。两淮巡盐御史是帝国重要的一个财政来源，更是康熙皇帝与各类封疆大吏们隐秘的金库。曹寅接待过四次康熙的南巡，胤禛陪同了康熙的第三次出巡，他们就住在曹寅的江宁织造署内。

白日里，南京城里到处都是五彩的旗帜，家家门口置放着五彩的香炉；夜晚，这座城市点燃了五彩的灯笼。曹寅的接驾相当奢华靡费，他与李煦从南方带来了新鲜的柠檬、荔枝，从海外带来各式的西洋玩意儿，培养出江南美人组成的戏班，在浙江的山林里购入最贵重的丝竹……接驾的支出绝大部分是一笔烂账，无法向户部报销，只能在两淮盐课银中挪移以挖肉补疮。除南巡接驾的花费之外，曹寅还要应付朝廷显贵的贪婪索要，每年要交给督抚们数万两白银；

为联络、争取江南地区文士支持的花销，日积月累也相当可观。一次，曹寅报告康熙，他历年亏空已达白银一百九十万两。

康熙五十一年（1712年）七月，曹寅在扬州患了疟疾，弥留之际，这位忠心耿耿的奴仆还相信，只要康熙赐他"圣药"，他便能"起死回生"。康熙闻奏后命驿马星夜驰奔扬州，送西洋刚刚发明的"金鸡纳"为曹寅治病，并限九日到扬州。这种恩宠厚待在当时是绝无仅有的，但是在"圣药"到达之前，曹寅已经闭上了眼睛。

这位江南文坛的领袖、康熙最忠实的奴仆，在弥留之际，留给世间最后的遗言竟是一句苦涩的忏悔："我身欠朝廷二十三万两白银，身虽死而目未瞑。"在瞬息繁华的"虚热闹"之后，曹寅留下的是一片足以令曹家陷入灭顶之灾的茫茫债海。康熙五十四年（1715年），康熙为保全曹家的江南家产免遭搬迁的损毁，特命曹寅的四侄曹頫过继过来，接任了江宁织造的职务。这位不到二十岁的年轻人站在曹寅手植的楝树下面，心中一片茫然。康熙曾经明确地对曹頫说："念曹寅为我出力年久，特意恩典，可以延期还款。"但是到了康熙六十一年（1722年），内务府催交李煦、曹頫拖欠卖人参的银两时，康熙毫不犹豫地同意了，他对这个家族的态度越发冷淡。

康熙六十一年（1722年）冬天，康熙皇帝驾崩，曹頫一度看到了曹家中兴的希望。他听说新内阁正在拟定新皇帝的"登极恩诏"。这个传说中的恩诏让官场中人激动不已，根据历代新帝上任的传统，恩诏将公开豁免中央衙门和地方官员亏空的钱粮。上至户部，下至各个地方的官吏，无不像曹頫一样等待着，将庞大的债务销零。

没有人料到，在康熙尸骨未寒之际，雍正便连发谕旨，开始在全国上下大张旗鼓地清查钱粮，追补亏空。这位新帝一再表示：我不能再像皇考那样宽容了，凡亏空钱粮官员一经揭发，立刻革职。仅雍正元年（1723年），被革职抄家的各级官吏就有数十人，其中有湖广布政使张圣弼、粮储道许大完、湖南按察使张安世、广西按察使李继谟、江南粮道李玉堂、山西巡抚苏克济等。

那个冬季，京城内弥漫着让官僚们绝望的气氛。人们看到，康熙的第十二子履郡王允祹的家人，竟然在寒风刺骨的北京街头变卖家具、陶瓷等器物。这位王爷因为曾经管理过内务府事务，积欠库币甚多，雍正勒令他变卖家产以还余额。十王爷敦郡王允䄉也被抄查了家产。与此同时，雍正成立"会考府"，派怡亲王允祥为总理事务大臣，他对允祥说："尔若不能清查，朕必另遣大臣；若大臣再不能查，朕必亲自查出。"允祥首先便查出了户部亏空的白银达到二百五十万两，雍正责令户部历任尚书、侍郎、郎中、主事等官吏共同赔偿一百五十万两，另外一百万两由户部逐年偿还。

在地方，雍正派出了声势浩大的清查队伍，曹家的依仗——苏州织造李煦，成为雍正首批查抄家产的地方官员。雍正派出的钦差大臣都是级别甚高的中央大员，这些铁石心肠的中央大员与地方官员没有太多瓜葛；雍正还从各地抽调了一大批候补州县随团到省，与钦差大臣们一起查账。查出一个贪官污吏，立即就地免职，从调查团里选一个同级官员接任。这些继任者会一遍遍梳理贪官们的账本，防止给自己留下财务上的隐患。雍正昭告全国百姓：谁也不能借钱粮给官府；要借也可以，这些钱粮既然被说成是官府的，朕就认它是国家所有，你们这些借钱借粮给官府的人，就再也别想把它们收回去。这一下，谁也不肯借钱借粮给贪官们了。

李煦被查出贪款银三十八万两，他的继任者——胡凤翚甚至查出了他三十年前的一笔亏欠。李煦当即被查封了家产。雍正规定，赃官们的罪行一经核实，就把他的家底抄个干净，连他们的亲戚、子弟的家也不放过。雍正冷酷地下令："丝毫看不得向日情面、众从请托，务必严加议处。追到水尽山穷处，毕竟叫他子孙做个穷人，方符朕意。"绝望的李煦一度想自杀，但雍正连这条"死路"都没留给他。在此前后，广东道员李滨、福建道员陶范，均因贪污、受贿、亏空案被参而畏罪自杀。雍正指出，这些贪官自知罪大恶极自身难保，就想以死抵赖，牺牲性命保住财产，让子孙后代享用。雍正下令，如果官员自杀，那就找他们的子弟、家人算账！

在遥远的黑龙江，被流放的李煦，已经七十多岁，很快便在饥寒交迫中惨死在天寒地冻的异乡。绝望的曹頫，不得不带上最后的家财前往北京，希望能够在哪个衙门中找到请托的人。或许深谙曹家的内情，雍正知晓这个情况后，对这个皇家的奴仆留了一点余地。为防止有人吓唬、敲诈曹頫，雍正特地在曹頫的请安折上写了严词批语："你不要在京城乱跑门路，交结他人，那样只能拖累自己，瞎费心思力气买祸受。主意要拿定，安分守己，不要乱来，否则坏朕名声，就要重重处分，怡亲王也救不了你！"雍正能够体察曹家亏空的原因，不是因为曹家的贪婪，而是因为其对父亲康熙的忠诚，一度特派允祥试图拯救这个正在堕落的家族。

实际上，精明的曹寅在兼理淮盐事务时，便发现了这场亏空的可怕。衙门之中除了"冰敬""炭敬""别敬""程仪"等高收费之外，还规定"平规""盐规""税规""漕规""棚规"等名目中饱私囊。酷吏们将这些日益增加的税额压到盐商身上，盐商无力承担后便产生了大量的欠款，最终出现了根本无法还清的财政黑洞。当曹寅试图清理这些债务时，老谋深算的康熙劝阻了他。康熙皇帝知道，在盘根错节的地方势力下，处理这些债务只能使曹寅本人陷入更艰难的处境。

清朝实行职官低薪制，正一品的中央大员年俸仅仅一百八十两，这一百八十两银子还不够这些官员一天的花销。更不可思议的是，连官员的办公费也要从那少得可怜的年俸里开销。康熙一朝的清官于成龙，出远门时只能骑一头毛驴，而且尽量不带家属或少带家属，不雇用人或少雇用人。因此贪官们必然要以种种方式去弄钱。大小官员们最方便、最有效的方法当然就是以权易钱，借办公事之便，向下级官衙勒索，任官礼、升官礼、就职礼、年礼、节礼、寿礼等就成了定规定制。雍正事先曾经做过周密的调查，巡抚一年的正项俸银只有一百三十两，而山东巡抚黄炳一年收下的规礼多达十一万两。

康熙末年，为了应付官员们不断增加的规礼，曹寅不得不向属下的商人们增加税额，而一般的官员则向百姓勒索"火耗"。在明清两代，州县官员从百姓手中征收来的地丁钱粮，大都是成色不等的散碎银两，而交到藩库的银子必须是重量相等、成色一致的银锭，因此，州县官就要将征收来的碎银重新熔铸，税吏要向老百姓额外多收一些来补偿熔铸过程中的耗蚀，地方官吏可以根据自己的需要自主决定火耗率。康熙朝监察御史李发甲曾说，每岁朝廷每收一两银子，有的地方加派火耗"辄加至三倍、四倍、五六倍以至十倍不止"。

康熙告诫曹寅"生一事不如省一事"时，他自己也成为这些黑暗收入的受益者。曹寅拿着这些额外的税银，修筑了康熙在南京、苏州的行宫，雇佣工匠制造了种种精美的机械装置。既然皇帝本人也在参与、制造这场亏空，谨小慎微的曹寅渐渐地坦然下来，利用这些浮费为康熙皇帝搜罗奢华的丝织物品，为皇帝印刷豪华的《全唐诗》，为皇帝购买精致的丝竹乐器，当然也开启了曹家的奢靡生活。

雍正以铁腕手段，进行了康熙不敢触动的改革。他推出了两项措施：一是坚决取缔各种陈规陋习；二是给官员加薪，即史上著名的经济改革"火耗归公、养廉加俸"。雍正元年（1723年）七月，他发布上谕，此后绝不允许中央官员对地方、上级官员对下级收受规礼，违者严惩，把破除陋规作为反贪的一项重要内容。凡被参劾、查知收规礼的官员都被雍正下旨惩罚，轻则罚款，重则罢官、拘禁，给行贿、受贿者以沉重的打击。许多官员不仅不敢要钱，连瓜桃等水果土特产、花鸟虫鱼等玩物都不敢轻易送收了。

火耗调归政府统一调配以后，明清以来几百年官吏的低薪制改成了高薪制，雍正"厚俸以养廉"成为现代"高薪养廉"的前身。尽管在大部分区域，归公的火耗缩小到以前的十分之一左右，但是雍正一朝各级官吏们的表面收入得以暴涨：总督二万两左右，巡抚一万五千两左右，州县一二千两。官吏们的收入透明化、公开化，在中国历史上历朝历代都没有过，雍正帝的改革可谓是绝无仅有的。

这一系列经济、吏治上的改革让曹頫无所适从，他已经不知道从哪里再能得到大笔的银子，堵住前朝开始蔓延的经济黑洞。这个

"好古嗜学"的年轻官吏，仅仅是一个爱读书守规矩的正派人，前辈留下的亏空多年没有弥补，此番更加不善经营。曹頫虽然有读书的天分，却没有管理织造事务的才能，以至在任期间累年亏空。雍正不断地催逼欠款，让曹頫痛苦不堪，在奏折中自陈"家口妻孥"已到了"饥寒迫切"的悲惨境地。

曹頫模仿着曹寅的"小动作"，精心地在江南挑选了一些古董珍玩之类的东西讨好雍正，包括匾对单条字绫一百副、笺纸四百张等礼物。而雍正在朱批上冷冷地说："这些都是用不着的东西，以后不必再进。"曹頫再次费力地进献锦扇一百把，雍正不无怜悯地朱批道："你的这些功夫徒费精力，朕甚厌恶，只有墨色的曹扇朕喜用，不过此种扇不必再进。"

一直到雍正五年（1727年），曹頫想尽了各种办法以堵住这个日益扩大的窟窿。雍正曾经规定，对贪官们的追剿期限为三年，三年后，雍正下令再进行三年（1729年），到雍正七年务须一一清除，如届期再不完，就将该省的督抚从重治罪。曹頫曾经在江宁贩卖过人参，却因为江南人对人参价值的低看而赔本；他在江宁织造的位置上试图偷工减料，但雍正很快就发现他送来的绸缎变得粗糙，质地变轻，石青褂容易落色。雍正五年（1727年）一月十八日，曹頫与雍正派到江南主持盐务的噶尔泰发生了冲突，噶尔泰向雍正帝报告有关曹頫的情况："曹頫年少无才，遇事畏缩，织造事务交与管家丁汉臣料理，臣在京见过数次，人亦平常。"雍正帝在"遇事畏缩"旁边朱批道"原不成器"；在"人亦平常"旁朱批道"岂止平常而已"。从简短的朱批中，雍正已经流露出对曹頫的厌恶和不满。就在这一年，曹頫试着用从前的"规礼"收取驿站的银两时，终于惹下了塌天大祸。

那一年，曹頫负责解运江宁织造的货物入京。经过山东境内的驿站时，他竟向当地驿站额外索要人夫、程仪、骡价等项银两杂费，并要求超出配额的马匹，山东巡抚塞楞额不得不参奏曹頫扰累驿站。雍正在盛怒之下发布命令，以曹頫"行为不端，亏空甚多"为由，撤了曹頫的职，要抄他的家。雍正担心曹頫转移家产，特命江南总督范时绎火速前去抄家，并将曹頫的管家数人拿下，关押审讯，所有房产财物一并查清、造册封存。查抄的结果，只没收了几万两银子，雍正帝以为他把家产都转移了。因此曹家的亲戚——苏州织造李煦的家也被查抄，曹、李两个家族终于彻底破产。

在严厉的查处中，雍正发现曹頫曾经帮允禟办过事，李煦为允禩采买过苏州女孩，曹寅的大女婿纳尔苏曾是允禵最得力的助手，在江宁织造府，人们查出允禟交给曹頫保存的一对高近六尺的巨铜狮。既然涉及了允禩、允禵集团，雍正便更加冷酷地向曹家下手。更早一些，曹寅的妹婿被从盛京户部侍郎任上锁拿至京，交刑部治罪。再晚一些，曹寅的长婿老平郡王纳尔苏被雍正圈禁在家。李煦因为逸附允禩而被流放到东北的乌喇，仅一载余，便被折磨而死；曹寅的老朋友孙文志被整治得倾家荡产，杭州织造孙文成因为曹頫的亏空受到牵连，也被撤职。

在曹家老小被清除出江宁织造衙门时，曹頫盯着曹寅种下的那棵楝树。他突然想起"树倒猢狲散"的俗话来。不久以后，曹頫骚扰山东驿站一案审结，判曹頫赔银四百四十三两二钱，当年曹家花费数万两银子像流水一样，这时候已经身无分文，他只能戴上沉重的木枷，想办法凑足这些银两还款。曹頫被抄家之后，他在京城和江南的家产人口全部由雍正赏给了继任江宁织造的隋赫德，曹頫本人则因亏空未补完而被"枷号追赔"。他脖子上那副六十斤重的木枷大约戴了两年，直到雍正七年（1729年）年底才获宽释。

"乱哄哄，你方唱罢我登场，反认他乡是故乡。甚荒唐，到头来，都是为他人作嫁衣裳。"这句《红楼梦》中的诗歌，反映着曹家在这一番变化中，对官场无奈而深刻的洞察。新上任的江宁织造隋赫德，接收了曹頫家族在江南的所有家产、人口。在这次连环的改革中，雍正的新宠臣们成为那些旧宠臣家产的新主人。

曹氏家族，从东北奉天的奴隶包衣身份起家，因为几代人对皇帝小心翼翼地忠诚伺候而飞黄腾达，如今再以罪犯的身份跌落尘埃，在北京的青砖黑瓦屋檐下，曹雪芹回想到南京城内红楼里的一梦。在"举家食粥"的窘况之中，年轻的曹雪芹开始构思一部叫《红楼梦》的小说。

雍正当然想不到，自己轰轰烈烈的经济改革，会间接导致一部前无古人后无来者的经典小说的问世。不过，反腐倡廉仅仅五年，国库储银就由康熙末年的八百万两增至五千万两。更重要的是，社会风气已悄然改变。当曹雪芹披着衣服在小说里感慨命运的无常时，他会听到，社会上开始流传"雍正一朝无官不清"的说法。此时，雍正朝进入了清代十三帝中最富足的时期。

第八章
重返《诗经》

雍正八年（1730年），即田文镜六十九岁那年，他终于知道了什么是黄河，"君不见黄河之水天上来""白日依山尽，黄河入海流"……黄河彻底成为他的噩梦。

曾经，他以为他就是雍正，雍正就是他；那年以后，他会彻底地知道，他永远属于雍正，而雍正皇帝却绝不会是他。望着滔滔而逝的黄河，望着黄河岸边背井离乡的难民，田文镜终于承认，他太老了……

他的政治生涯，几乎同各种灾乱相伴始终。雍正元年（1723年），山西大旱，许多州县久旱不雨，颗粒无收，百姓饥寒交迫，纷纷外出乞讨。山西巡抚德音为了显示自己的政绩，不但匿灾不报，反而向朝廷上报山西全省风调雨顺，五谷丰登，同时向灾民们加紧催征钱粮，以致民怨沸腾。

此时，身为内阁侍读学士的田文镜受命去告祭西岳华山。当他途经灾区时，亲眼看到了"黎民饥馑"的惨状，当他听说德音昧着良心瞒报灾情时，更是怒不可遏。回京后，他把灾情详细地奏报给了雍正，并请求朝廷赈灾。雍正当即将德音交吏部查议，同时派田文镜赴山西赈济灾民。在田文镜的调配之下，山西的赈灾事宜进展顺利，灾民获救者计八十多万。雍正二年（1724年），田文镜被雍正擢升为河南省巡抚。

田文镜根本没有想到，正当他年过花甲即将告老还乡之际，他竟然成为雍正王朝的一颗政治新星，此时，他早已经过了拥有梦想的年龄。早年他三赴考场都名落孙山，最终依靠纳捐做了一个小吏，他一辈子最多的从政经历，只不过是个八品的县丞。如今，他刚刚担任河南巡抚，便陷入深深的焦虑当中，他依靠什么能够得到雍正的欢心？

他当河南巡抚期间，雍正王朝的封疆大吏们正在走马灯式地更换，雍正元年（1723年），国中的四十五位各部大臣与督抚就被更换了三十七个。此时，河南黄河水患不断，朝廷连年赈灾；年羹尧的青海战事更耗尽了雍正朝当年的半个国库，经济不堪重负。已到垂暮之年的田文镜咬紧牙关，呈上了改造河南财政的一揽子计划，请求在河南实现"摊丁入亩"的改革，无论是平民还是绅衿富户，不分出身富贵，一律进行一体化当差。

"摊丁入亩"的政策，改变了中国千年来的人口税制。在中国，征收丁银已有千年的历史，清朝政府规定得更为严格，天下百姓以明朝万历年间的人丁数额交纳"人口税"。但是，明万历以后，由于连年战祸，明清换代，死亡与逃亡人口无以统计。清代再以前朝的数字作为人口税的凭依，就与现实产生了巨大的差距。帝国的直隶、山东、陕西、甘肃等省份，人口税不断增加，人们纷纷背井离乡逃亡而去，逃丁的税落到现丁的身上，一些地区的税额竟然上涨了三倍，在素称富庶的山东黄县，为了逃避人口税，有的村社十室九空。

摊丁入亩的改革，是当时雍正王朝最富争议、最有危险的一项改革，也是封疆大吏们可以据此捞取资本的一项改革。雍正元年（1723年）七月，直隶巡抚李维钧上疏，要求在直隶省内将丁银并入田亩之中征收，多向富者征税，免去无地者的丁税。把人口税摊入土地税的办法，损害的是特权阶层和大地主的利益，所以这些人在这一方案没有出笼的时候就表示反对，并对李维钧施加了空前的压力。

就在李维钧感到孤独无依之时，雍正热情洋溢地鼓励了李维钧，"朕当年就是孤臣，你落此处境一点不妨，你只需勉励自己径直去做，若信不得自己，就是信不得朕了"。雍正悄悄地告诉李维钧，怡亲王允祥十分看好你，你有为难之处便可以向他密奏。

奉旨与怡亲王允祥"结党"，是雍正王朝初期宠臣们的最高荣誉。雍正冷酷无情地打击各类朋党，唯独密示宠臣们可以结交怡亲王允祥，以允祥充当他与臣下沟通感情的管道。雍正悄悄地告诉李维钧："与允祥的交往要保密，不可再令一人知道。"

就在李维钧放胆进行"摊丁入亩"的改革时，河南的田文镜遭受到了空前的挑战。李维钧的改革只是让富人交税，田文镜的改革更进一步，还包括"官绅一体当差纳粮"。这就是说，让官员士绅们和平头百姓一样，不但要纳税，还要参加官府组织的筑堤、治河、修路、运输等"义务劳动"，以应付黄河带来的灾害。

田文镜对待黄河的全省总动员，使河南的书生们怨声载道。清朝历代对待士人多有优惠政策，清朝建国之初就颁布了"优恤诸生"

的条款。帝国各地生员在庠读书，由国家供给膳食，可以免除丁粮，不服劳役。雍正二年（1724年）五月，田文镜准备调集河南全省民力治理黄河，河南封丘知县唐绥祖制订了该县士民一体当差的实施方案：每一百亩田地出一个人工，凡有田者一律出工，绅衿也不例外。这个命令一下，老百姓拍手叫好，因为能有一百亩土地的人，几乎全是地主和富户，百姓得若干家才能抽一个民工。但这个政策却遭到了当地监生的反对。河南封丘生员王逊、武生范瑚等人拦截封丘知县唐绥祖，强迫他取消实行按田出夫的政策，遭到唐绥祖的断然拒绝。学子们群情激奋，酝酿着更危险的举动。

当年五月，河南学政张廷璐按考到开封府，封丘生员童生实行罢考，武生范瑚把少数应试者的试卷抢去，当众撕毁，以此来抗议士民一体当差的政策。田文镜迅速向雍正报告，并采取严厉的镇压措施。雍正特派吏部侍郎沈近思、刑部侍郎阿尔松阿赴豫审理。在审理过程中，科甲出身的学政张廷璐、钦差沈近思等官员对这群士人寄予了相当大的同情。尤其是陈时夏承审时不坐堂，与诸生座谈，央求他们赴考。

雍正无条件地支持田文镜，将张廷璐革职。在处理封丘罢考事件中，清朝政府内部存在不同意见，雍正和田文镜却坚决地打击闹事的监生，将为首的王逊、范瑚等人斩决。在反对士民一体当差的风潮中，田文镜发现捐纳贡生、监生参与的比较多，而清朝政府原定贡生、监生的升迁革退需礼部批准，不利于地方官和学政强化对他们的约束。于是，他向雍正帝提出改变旧规的建议，请求把捐纳贡监的人事权交给地方学政，与生员一样管理。雍正帝批准了他的建议，于是形成这样的规定：捐纳贡生、监生凡涉及诉讼，即革去功名，听候审理。雍正还规定，监生被处理后，不许越出州县境地，以免他们滋事。

"摊丁入亩"与"官绅一体当差"，本是雍正主持的全国范围内的改革，却使改革的急先锋田文镜得罪了河南的富户与天下的读书人。更让田文镜心惊的是，河南罢考案中他得罪了张廷璐，尤其是得罪了张廷璐的哥哥户部尚书张廷玉和张廷璐的老师、大学士朱轼。甚至雍王府的旧人，也开始忌恨田文镜的嚣张。雍正二年（1724年），陕西延安知府沈廷正调任河南的开归道，他公开放言要让田文镜难堪。沈廷正是当年雍王府的亲信，此次放言是否证明田文镜已经得罪了雍正的嫡系？

保命要紧！田文镜偷偷派人给允祥送去重礼，允祥立即向雍正报告，雍正用心良苦地告诉田文镜说：现在让怡亲王代你转奏事情，万万不可以。因为田文镜正饱受朝廷上下的舆论攻击，如果允许他同允祥结交，必然会被人指责为结党营私，对允祥和田文镜处境都不利。这番告诫让田文镜感到茫然，也让他看到了模糊的未来，雍正告诉他："待你站稳脚跟，做官的声名大好的时候，朕会下密旨，让怡亲王亲自照顾你。"

看来，只有更多的政绩才能"站稳脚跟"。此时，田文镜越发成为一个令下属们毛骨悚然的官吏。他把河南省模拟成为一个高效而精确的小帝国。田文镜以北京各部颁定的条例的期限为基础，为河南各地衙门的文书周转规定了苛刻的时间表，甚至对文书在每个驿站的传递时间都进行了规定。

在河南这个小王国，田文镜完全模仿着雍正主宰的清帝国。他彻底地贯彻了雍正的"保甲法"，避免了"摊丁入亩"带来的人口流动隐患。田文镜要求各州县做好选择捕役、严查窝家、训练民壮。这些民壮在寺庙、饭店等人流较多的场合巡逻，他们检查邪教人士、反清人士以及各类的盗贼。他们每天都留心察看大户人家的家奴、伙夫、用水夫、厨役、泥水匠等，更注意察看星流相士、墨客山人。田文镜曾得意地对雍正说，昔日对州县的管理，对民登记造册需要费用，每户人家刻制家牌需要费用，立保长、甲长需要费用，刑书、皂快①更需要费用。然而保甲制通行以后，全境尽是免费的保安，邻里之间相互监督，州县治安一时间可以得到肃清。

河南的"小帝国"闭关自守，雍正也在整顿北京的治安，偌大的北京城内，只允许有正式职业的人、进京赶考的举人，以及在京城做幕僚的外地人居住，其他无业者一概视为"奸伪棍徒"，由步军统领率兵驱逐，不许在京停留。同时规定，客店、寺庙，以及官民人家都不许容留形迹可疑的人，违者治罪。同时，雍正命令步军统领阿齐图把京城中的游方僧道、自称神仙聚众做会者统统押解回原籍，不许他们再次进京。

长久以来，雍正与田文镜只是在奏折中对话，沟通着治理天下的思想。尽管田文镜任职河南以后，君臣只见过一面，但是双方知己知彼，孤独的田文镜甚至与孤傲的雍正融为一体，也渐渐地沾上了雍正的"霸气"。钦差大臣何国宗到河南办公，按照官场上的不成

---

① 皂快：旧时州县衙役有皂、快、壮三班之分。皂班掌站堂行刑；快班又分步快、马快，原为传递公文，后掌缉捕罪犯；壮班掌看管囚徒。

文规定，地方官要给钦差大臣送上重礼。田文镜的左右劝说道："您对下面可以严禁送礼陋规，对上面却不可不敷衍一下。"田文镜却粗暴地打断道："岂有对下严而对上宽之理？"

堂堂钦差竟然没有得到红包，空着两手回到了京城，何国宗认为这简直是奇耻大辱，回京后添油加醋地说了田文镜的不少坏话。何国宗不会想到，此时黄河再次给了田文镜以好运。雍正五年（1727年），在黄河的一次大规模涨水中，田文镜调集河南黄河沿岸的青壮劳力死守，他命令黄河堤岸一二里的村庄按户出工"抢护"，终于战胜了这场黄河灾害。雍正先授田文镜河南总督加兵部尚书，随后特为田文镜设置了河南山东总督一职，此官职只为田文镜一人所设，下不为例。他还昭告天下，称田文镜为"天下第一督抚"。

在孔孟之乡，贪婪的绅衿们已经腐败成风。他们一方面替政府向本宗族、本乡山民征收钱粮；另一方面却与官吏勾结，非法多征和私吞。他们将宗族、姻亲的田产挂在名下，借助免役权获得免役，从中渔取利润。有些胆大的绅衿，不但拖欠自身应该交纳的丁赋，甚至还引以为荣，这里流传着一句"不欠钱粮，不成好汉"的俗语。

衍圣公[①]孔府和亚圣孟子后裔等一批"先圣先贤"势力所及之地，国家准许他们的府庙属官和庙佃户人有优免差徭的特权，故一些"奸猾之民"勾通官府一同作弊，他们托名在孔府及颜子、曾子、

[①] 衍圣公：孔子嫡派后裔的世袭封号，开始于西汉元始元年，汉平帝为了张扬礼教，封孔子后裔为褒侯。之后的千年时间里，封号屡经变化，到宋仁宗至和二年（1055年）改封为衍圣公，后代一直沿袭这个封号。到了1935年，民国政府改"衍圣公"为"大成至圣先师奉祀官"。孔德成先生（1920—2008）被认为是末代衍圣公，他去世后，"衍圣公"就此画上了句号。

孟子等各庄头门下，假充庙户，冒免丁差，已经成为当地的弊害。接手山东政务之际，田文镜便已经预感到，他将受到山东人的痛恨。果然，他刚刚上任，就得罪了孔孟之乡所有的绅衿。但田文镜的铁腕政策很快遍及孔府等地，仅仅几年时间，田文镜便罢革了山东籍举人、监生、秀才、贡生等一千四百九十七人之多。

"假如我不得田文镜辅佐的话，我是否对天下有罪？"雍正无比自豪地发表过如此的上谕。有了田文镜这样的督巡支持，雍正可以放心地进行各类新奇的政治实验，等待田文镜这样的模范督抚，带头将这些政策落地。

雍正是清朝诸帝中最为"重农"的皇帝，他不但亲身耕耘，还在全国各州县设立先农坛，让每个州官县令都种下自己的试验田，广西临桂县知县就因为试验田之荒芜而丢了乌纱帽。最为出彩的是，雍正竟然独创出"老农总吏"之制，挑选模范"老农"授予八品顶戴，以鼓励那些勤劳俭朴、没有过失的老农。

让一个老农民戴上八品顶戴，这是清帝国的一个首创。推选活动自雍正二年到七年（1724—1729年）每年举行一次，每乡之中选出一二名，老农的八品顶戴由皇帝特授，每年选出的"老农顶戴"，都要披彩挂红，成为地方的一件大事，也成为当地县志上的佳话。几十岁的老农民戴着钦加的官衔顶戴，在乡村之中是十分惹眼的。这项政策对发展农业、鼓励农民认真务农起到了一定的促进作用。

但在具体的选拔过程中，发生了很多弊端，如许多被推举上来的"老农"，并不是雍正帝理想中老实厚道、确在耕作上有成绩的"老农"，地方上的某些乡绅和无赖，往往靠贿赂的方式就能得到这

清宫廷画家绘《雍正帝祭先农坛图》（上卷局部）。故宫博物院藏
雍正皇帝在位期间十分重视农业生产，曾多次前往先农坛参加祭祀典礼和扶犁耕籍田

个顶戴。这些无赖乡绅，竟然自称某县"左堂"，与被称为"右堂"的县令分庭抗礼，他们建立衙门、私设牢狱，以朝廷八品官员自命，竟公然要朝廷九品官员服从他们的命令。

不过，这些改革实验的艰难，根本没有打消雍正的热情。根据户部侍郎塞德的建议，雍正帝令，拨京城以南霸州、永清、固安、新城等县官田二百余顷作为籍田，他竟然要恢复近两千年前孟子提出的"籍田"梦想。他把京城中十六岁以上、六十岁以下的无业八旗旗人派去耕种。每处籍田均为公田在内，私田在外，中间百亩为公田，旗人共同耕种公田。他如此热情地实验"籍田制"，希望以此来发展旗人的产业，改变旗人长期以来脱离农业生产的现象。

这场理想高远的实验，很快就在现实中寸步难行。籍田制在旗人中间实行以后，愿意去耕种的人很少。雍正不得不强迫那些没有产业、游手好闲的旗人迁往籍田处耕种，甚至把那些犯了罪责的八旗官兵、获罪的尚书石文倬等高官发往籍田处效力。此时，籍田制更像是罪犯们的劳动改造之所。

与此同时，雍正还兴致勃勃地要推行帝国的慈善事业，他在北京的彰义门外建普济堂，收养社会上无依无靠的老人、无以为生的病人，由国库拨款作每年的经费，每月派大臣去视察。雍正还扩充了北京广渠门内的育婴堂，把它交由顺天府尹负责，除政府拨钱外，京中贵族、官僚、士人和有钱人也纷纷加以资助，收养弃婴。

很快，田文镜治下的山东淄川知县和绅士纷纷购买土地、捐献田产，设置了普济堂。河南省一百零九个州县共建立了一百二十九所普济堂，山东省一百零一个州县卫所中也设置了一百三十一所普济堂。在雍正的带领下，一些地方官、士绅、大商人纷纷效仿，建设各种善堂。雍正不无得意地发表上谕，说："《礼记》讲大道之行也，人不独亲其亲，不独子其子。"这些善堂的建立，就是实现先儒讲的"大道"。

雍正七年（1729年），清帝国的所有农村有了一个更新的时尚，每逢初一、十五两天，乡村里的约正将把所有的农民集合到一起，向他们宣讲当年康熙写下的《圣谕广训》。《圣谕广训》的内容无非是鼓励民众乐善好施，道德淳厚，兴办福利事业，实行道德教化。这短短万言的内容竟要每年每月地讲下去。

田文镜最先发现了雍正心底的某种渴望：他要使帝国重返《诗经》描绘的生活。这位清朝的帝王，拥有着比汉族帝王更为狂热的儒家激情。在此前，田文镜便奏称，河南孟津农夫瞿世，在田间拾

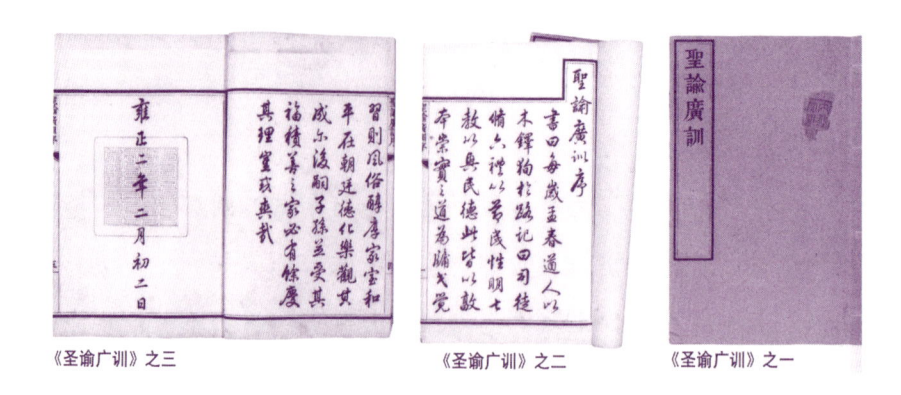

《圣谕广训》之三   《圣谕广训》之二   《圣谕广训》之一

清内府刻本《圣谕广训》，故宫博物院藏

雍正即位后以通俗语言向臣民灌输三纲五常伦理思想，对康熙帝"圣谕十六条"加以阐述，名为《圣谕广训》，刊刻颁发

到白银一百七十两，交还原主秦泰，并拒收酬谢，他的妻子徐氏也颇有拾金不昧的精神，支持丈夫这样做。田文镜赏给瞿世白银五十两，并送"士女淳良"匾额，且在县中立碑，他将所有的功劳推给了雍正，说这是雍正"圣治淳熙"的结果，甚至能够"化及愚夫愚妇"。

过了一个月，田文镜上报另一起不拾遗金的事件：商丘贫民陈怀金，拾到银子二十四两八钱，交还失主，同时巧妙地声称，事件是受了皇帝"宣传拾金不昧"的影响才出现的。雍正果然大悦，他发布上谕，将之抬到"正人心，厚风俗""去浇漓之习，敦仁让之风"的高度。此后，各省纷纷效尤，川陕总督岳钟琪报告绿营兵丁刘子奋在张掖拾银交给原主；鄂尔泰报称云南兵丁李应芳、金贵拾金不昧；台湾上报高山族的母女二人有拾得银钱衣物交还失主的义举。

夜不闭户，路不拾遗……这个美好的情景，自古以来便是百姓传说的盛世盛景。田文镜掀起拾金不昧的风潮，软软地点中了雍正的虚荣心，他称之为"风俗修美之明征，国家实在之祥瑞"。在这种"盛世"风潮的影响下，范仲淹的后代范瑶提出，将当年范仲淹留下的义田发扬光大。在宋代，范仲淹于苏州设置良田，发展了义田制度，通过义田的地租，扶助族内贫困的成员。当然，范瑶要扩大范氏的义田，肯定是读透了《圣谕广训》的结果。

雍正八年（1730年），正是田文镜仕途最风光的一年，黄河的河南段出现了一次世纪性大决堤。河南、山东的河道周边，泽国一片，哀鸿遍野，呼饥号寒，惨不忍睹。令人想不到的是，事情到了如此地步，田文镜竟然硬着头皮又上了一道奏疏说，"今年河南被水，州县收成不等，实未成灾"，"且士民踊跃""仍请照额完兑"赋税。八年前的山西巡抚德音的阴魂，此刻似乎附到田文镜身体之中，为匿报灾情，田文镜竟置河南、山东两省百姓死活于不顾，横征暴敛，敲骨吸髓。雍正竟仍煦煦然被蒙在鼓中，一味偏信田文镜的奏报并"应为所请"，"相信"田文镜均"自能料理"。尽管田文镜浑身解数使尽，甚至使用凶兵狠将严厉镇压，两省如蚁的灾民还是纷纷弃家逃难，黄河两岸的荒野中常有饿死的百姓，难民们常常为几口粥而卖掉自己的儿女。

站在波涛汹涌的黄河岸边，田文镜这才意识到，自己实在太老了，老得已经承受不了太多的回忆。就在一年前，他还被雍正的话所陶醉，那时雍正对田文镜说过："卿之是即朕之是，卿之非即朕之非。"在那时候，宠臣田文镜以为自己与雍正是一体的。在祥瑞频现的雍正王朝中，雍正曾经昭告天下督抚："河南吏治民风大清小廉，一切刑名钱谷驿站塘汛井井有条，吏畏民怀，河工堤岸巩固，直省中可以第一大治省份。河南的雨赐应时，连岁丰收，便是田文镜感动上苍的明验。"

是缘还是命？是偶然还是报应？田文镜以弹劾他人隐报灾情起家，如今，却因为隐报灾情被迫了结政治生涯。北京的雍正终于痛苦地意识到，如果再让田文镜继续执政下去，就是绝了山东、河南两省老百姓最后的生路。雍正尴尬地向群臣解释：田文镜匿报灾情乃"年老多病，为属吏欺诳"，允许田文镜"病休"回家。

滔滔而逝的黄河，造成了这对君臣的恩恩怨怨。

……天若有情，为何让田文镜晚节不保？天若无情，为何曾让田文镜立下治理黄河之功？即将知晓天命的田文镜终于知道，他与雍正仍为一体，只不过雍正永远在正确的一面，而他的生前与死后，将永远为雍正背负起苛政、铁腕的骂名。

第九章 >>>
改土归流

雍正八年（1730年），在病榻之上，雍正突然感到无比的恐惧：他可能闯不过自己五十三岁这道死亡门槛。

他曾经给田文镜、鄂尔泰、李卫等宠臣发布密命，让他们遍访天下，寻找内科外科的良医、精通丹药的道士。那年六月，他一度召见亲王允禄、允礼，皇子弘历、弘昼等人，向他们发布了遗诏。

死亡的幻觉一直折磨着他，他挣扎着花费了三个月的时间，写了一份传位密诏，为自己安排了身后之事。此时他了解到，他心爱的宠臣、云贵总督鄂尔泰同时身患重病，一种不祥的猜测萦绕在他的心头：在云贵的改土归流之中，他们是否杀的人太多了？这些阴魂就徘徊在他们的身畔……

在即位之初，雍正便宣布要豁除帝国中的种种贱民，使率土之滨的臣民们沐浴在更为仁慈的王道之下。

雍正元年（1723年），他便豁除山西、陕西乐户[①]的贱籍。这些乐户的祖先原是天下最舍生取义的官员。当年，明朝皇叔朱棣为夺

[①] 乐户：中国历史上以音乐歌舞专业活动为业的贱民，主要来源于罪犯的家属，也有部分原为良人。

《皇清职贡图》插图

《皇清职贡图》是记录清代各民族生活及贡赋情况的著作

取天下发动了"靖难之役",这批官员至死拥护被推翻的建文帝。永乐帝登极后,残酷地杀掉了这些政敌,更恶毒地将他们的妻女罚入教坊司,充当官妓,世代相传,久习贱业。她们想脱离卑贱处境,但因身陷乐籍,政府不准,而且地方上的绅衿恶霸也以她们为蹂躏对象,不容她们跳出火坑。这些忠臣义士的后代,便在这个地区永恒地沉沦着。雍正慨叹之余开豁她们的贱籍,准许她们改业从良。同时下令各省检查,如发现本地也存在类似乐户的贱民,也准许他们除贱为良。

当年七月，雍正还豁除了浙江绍兴府惰民①的贱民身份。这些惰民的祖先本是良民，他们是宋代罪人的后代，甚至传说是抗击元兵的宋将之后，在此堕落已达数百年。他们的身份极其低下，不得列于士农工商四民之中，不能穿着四民的服装，只能从事为士农工商所不屑的服务性行业，男子只许以捕蛙、逐鬼、卖饼为业，妇女或说媒，或依随良家娶嫁，为人髻冠梳发、穿珠花，或走市巷，或成为私娼。多年以来，各朝各代也有希望除豁他们贱籍的官员，但是因为种种原因，无法化解贱户家族背负了几百年的无妄之灾。雍正则乾纲独断，下令让惰民销籍为良，由他们自由选择职业。

雍正五年（1727年），雍正听说在安徽宁国府有种奇怪的人群"细民"。这些人具有双重身份：既属租佃主人的佃户，又是田主的奴仆，和主人保持着严格的主从关系。实际上这种佃仆制广泛存在，安徽省称之为伴当、世仆、细民、庄奴；广东称之为佃仆、佃童、世仆；湖北称之为佃仆……佃仆的成因是多方面的，有世代为地主做佃户的；有被欺压、勒迫而为佃仆的；有的是欠了地主的借贷无法偿还沦为佃仆的。这些佃仆熟悉鼓吹、抬轿等贱业，主人们则待他们如奴隶，稍有不如意便对其鞭打。主仆之分源于何代已茫然无考，雍正主张对其开豁为良。安徽巡抚魏廷珍奏请：今后绅衿之家典买奴仆，有文契可考而未经赎身的奴仆，本身及其子孙俱应听从他的主人所役使；已经赎身的奴仆，他本人以及在主人家所生子孙，仍应存主仆名分；那些不在主人家所生后代，应当豁免为良；至于那些

---
① 惰民：元明时浙江境内受歧视的一部分民户。

年代久远，文契无存的奴仆，一律开豁。雍正准其所议，一批佃仆被除为良民。

在广东省的沿江沿海地带，有一种更为奇特的人群：疍（dàn）户。这些疍户从宋元时代开始便漂泊在海上。本地汉人中流传的说法更让疍户神秘莫测，谓其在形体上具有怪异的特征：疍户妇女喜欢吃生鱼，擅长潜水；男人绣面文身，自视为蛟龙之子，他们能够行水三四十里，不遭物害。在广东沿岸的住民看来，这些疍户，女为獭而男为龙，皆非人类也。广东之民视疍户为卑贱之流，不容许他们登岸居住，多年以来，疍户也不敢与平民抗衡。

雍正怜悯地看到，这些疍户终身不获安居之乐。他于是命令广东各级官吏：以后凡没有能力的疍户，听其在船自便，不必强令登岸；如有能力建造房屋及搭棚栖身者，准其在近水村庄居住，与齐民一同编列甲户，以便稽查，势豪土棍不得借端欺凌驱逐。他下令"有司劝谕疍户开垦荒地，播种力田，共为务本之人，以副朕一视同仁之至意"。

拯救帝国中这些弱势的贱民，既需要乾纲独断的气魄，又需要以仁治国的细心，雍正凭借这两种截然不同的特质，拯救了这些沉冤了几百年的贱民。不过，这些小范围的拯救，无法满足雍正的政治胃口，数年来，他紧盯着云南、贵州、广西等地，这里有无数的蛮族需要拯救。

在中国的西南少数民族居住地，存在着一种特殊的地方政权形式，这就是土司制度。土司制度始于元朝。蒙古大军平定大理政权以后，却难以在这里直接委任官吏统治，于是，朝廷便采用羁縻政策，大量任用当地各部落酋长为各级官吏，称土官或土司。到了清朝初年，县以上土司有四百多个。

土司十分落后野蛮。他们对属民征派的赋税比向中央进贡的要多出几十倍。土司草菅人命，手段残忍，挖眼摘心是普通刑法，杀人如儿戏，游猎或酒酣耳热之时，常以射人为戏。更为野蛮的是，土司杀人还要向其家属征银，名曰"砧刀钱"。土司抢夺土地和牲畜，又与盗匪勾结，抢掠妇孺，贩卖人口。有的汉人犯法，逃匿土司处，州县往往要用银钱赎买才能追回逃犯。而土司之间互相厮杀，也是经年不解，所谓"一世结仇，九世不休"。

除了土司统治的地方之外，尚有大量既无土司统治，朝廷也不管的化外之地和化外之民，被称为"生苗"或"生界"。在贵州三千

《皇清职贡图》插图

《皇清职贡图》插图

里苗疆之中，有寨一千三百余座。在这些生苗会聚之处，盛行蛊术、巫术和毒药，他们所用的武器均染剧毒，以蛇毒最为普遍，也有蜈蚣毒、蝎毒等，杀伤力很大。在苗民中，最为神秘的则要数蛊术，据说这是一种将毒术和巫术结合起来的杀人办法，汉人称之为"降头术"。

清初，吴三桂统治云贵时期，鉴于"飞鸟尽，良弓藏"的历史教训，求计于洪承畴。洪承畴给他出了一个主意：使苗疆日日无宁日。于是，吴三桂无事生非，连年对少数民族用兵，制造了许多"飞鸟"事件，以求自保"良弓"。从此，中央政府与西南土司的矛盾不断加剧，到了雍正朝，中央与土司的矛盾空前尖锐。雍正三年（1725年），云贵总督高其倬在贵州贵阳府长顺州长寨地方仲家族村寨建立营房，遭到土司武装袭击。高其倬的奏报让雍正感觉到，土司问题已经到了必须解决的时候。

雍正初年，就有过对这些地区实行改土归流、实现州县制管理的讨论。不过，雍正似乎坚决地反对改土归流。当他的宠臣李绂主张改土归流时，雍正批示道："土司相袭已久，若一旦无故夺其职守，实行改土归流，谁不惊疑？"贵州提督马会伯奏请对土司用兵，以强制推行改土归流，雍正命令他从长计议；署理贵州巡抚石礼哈也已做好用兵准备，雍正认为他少年鲁莽，没有同意。

雍正四年（1726年）四月，鄂尔泰上奏折请求向土司用兵，提出改土归流的建议，朝堂之上，众臣惊得目瞪口呆，面面相觑：皇帝对改土归流的意见已经昭然，鄂尔泰此举必然触怒皇帝。没想到雍正竟然龙颜大悦地表示同意。只有鄂尔泰知道，雍正一直等待着改土归流的执行者出现，这一刻，他已经等得太久了。

他还记得康熙末年自己作为内务府员外郎时在书房里传出的那一声叹息。这个晚上，鄂尔泰刚刚见了雍亲王的手下，雍亲王手下和他说，亲王一直很赏识鄂尔泰，要求鄂尔泰为其办事，然而鄂尔泰却以"皇子宜加强道德修养，不可交结外臣"为理由，拒绝了。待亲王手下告辞，鄂尔泰回到书房落座，他叹息一声，读了一句"看来四十犹如此，便到百年已可知"的诗句。人生或许会倏然而逝，鄂尔泰已经四十多岁，一辈子的才干看来已经没有施展之日。

在书房里发呆的鄂尔泰没有想到，他一生的发迹，竟然开始于这个郁闷的夜晚。即位之后，雍正还记得鄂尔泰给他碰的"钉子"。他当面称赞鄂尔泰道："汝以郎官之微，而敢上拒皇子，其守法甚坚。今命汝为大臣，必不受他人之请托也。"有了之前的试探，鄂尔

清人绘鄂尔泰画像

鄂尔泰（1677—1745年），西林觉罗氏，镶蓝旗人，在雍正朝历任云贵总督、军机大臣等要职，平治多处边乱，实施改土归流，政绩卓著。他曾总裁编纂《三礼义疏》《云南通志》等典籍

泰得到了雍正无比的信任。几年中，他迅速地崛起，追赶上了他失去的青春岁月。雍正初年，他被破格任命为云南乡试副主考，数月后便擢升为江苏布政使，很快被提拔为广西巡抚、云南巡抚。

在云贵的政坛之上，有过杨名时、李绂、高其倬等一代名臣，也有哈元生、马会伯等勇将，但是雍正坚持自己的等待。雍正相信，同一件事，不同的人会以不同的方式去处理，其结果往往不同。以夷制夷的政策，已经流行了千百年，无人肯投入如此大的人力物力成本，去制服、统治一个地跨五省的蛮荒之地。既然这项改土归流的政策已等待了千年，雍正也开始了自己的等待，直到鄂尔泰的奏折直中他的心意："制苗之法，固应恩威兼用，然恩非姑息，威非猛烈，到得用着时，必须穷究到底，杀一儆百，使不敢再犯，则威仍是恩，所全实多。"鄂尔泰专以摧抑强暴为治，有"严刻"之名，这种方式颇似雍正本人。雍正兴奋地批示道："卿，朕奇臣也。此天以卿赐朕也。"雍正四年（1726年）十月，雍正为了支持鄂尔泰实施改土归流的政策，擢升他为云贵总督。

鄂尔泰实施改土归流的步骤，基本上是先抚后剿。他每至一地，必先派人前往招抚土司归顺，反复做解释工作，晓以大义，申明利害。如果土司仍然执迷不悟，拒受招抚，即发兵征剿，绝不手软。在这些战役中，鄂尔泰时常亲临前线，分析夷情，总结经验，他不断地告诫他的部下，夷民"虽具人形，而生性顽冥"。为了战斗的需要，鄂尔泰制造了那个时代的"重型武器"——威力巨大的西瓜炸炮、火毒群蜂炮、冲天炮，以及大量的火箭、火砖……用以攻打夷民营寨。

雍正六年（1728年）年初，鄂尔泰在雍正的生日、"万寿节"之

《平定金川战图》册之"午门献俘"

日，发现云南上空出现了五彩的"卿云"，他便向雍正上表称贺。就在这彩云之南，鄂尔泰发动了一场血腥的屠杀。当年春节过后，土目①禄永忠去世，按照当地习俗，其妻陆氏"转房"为他弟弟禄永孝的妻子，鄂尔泰闻知，遂以"兄亡收嫂，大悖人伦"的罪名，将此前"投到"鄂尔泰名下的禄永孝"依律"拟斩，并派副将郭寿械率兵五百前往弹压。在那些一向秉持"兄死弟在，牛死圈存"观念的夷民看来，禄永孝的行为天经地义，鄂尔泰的做法才叫"大悖人伦"。郭寿械等人被夷众包围，除一人脱逃前往昆明投报之外，郭寿械和他的部下竟全部被杀。鄂尔泰闻讯大怒，传令鹤丽总兵张耀祖等三路进剿，并传令寻沾营参将哈元生自乌蒙星夜驰援。张耀祖挥师杀至米贴，实行了血腥的屠杀：在者杀，去者杀，妇孺杀，稍有姿色之女子不杀，汉人妻有儿者，则其夫必以汉奸杀。仅仅数日，米贴一地就有三万余人被惨杀或者逃亡。清兵们发明了凿颅、批面、剁手、截足、划腹、抽肠、坐竿等种种虐杀方式，将那些血肉淋漓的残破肢体，挂于树石间者，绵亘十余里。

不过，鄂尔泰毫不担心反对派们的弹劾，也不用像田文镜那样寻找允祥作为靠山。此前，鄂尔泰的哥哥鄂临泰之女，经雍正的指婚，配给怡亲王允祥之子弘晈，两个家族奉旨成婚，鄂尔泰自此成为允祥之外最受雍正宠爱的大臣。雍正五十岁大寿、群臣举觞庆祝时，突然感到特别孤单，他特拣四盘亲自尝过的果饼送往云南鄂尔泰处，并说："朕亲尝食物寄来卿食，此如同君臣面宴会也。"鄂尔泰在西南期间，雍正帝对他的赏赐几乎每月必至。

---

① 土目：土司所属员司的称号，采用世袭制，兼理文武，职守权力因时因地而异。

在改土归流中，鄂尔泰对革职土司的处理大致有两种方式：凡自动交卸印信者，则厚加奖赏，仍授以官职；对顽抗者严惩不贷，没收财产。从总体上看，广西、四川、湖广主要是招抚，而鄂尔泰主持的云贵两省则主要是以武力解决。对于新改土归流的地区，雍正大力发展水陆交通。清江原来"舟楫不通"，自贵州都匀至湖南黔阳六百余公里的清江长期淤塞不通。雍正七年（1729年）开浚后，舟楫往返，千里无阻。雍正九年（1731年），古州等处平定后，又修通了都江。

与此同时，雍正与鄂尔泰将新的道路延伸到土司们的堡垒深处。改土归流之前，这些交通要道被土司们把持了几百年，他们凭险自固，荒废交通。废除土司后，雍正便致力于打通这些年久失修的道路。开发水陆交通的举措使道路畅通，加快了少数民族地区经济的发展、文化的交流、社会的进步。经过恐怖的杀戮以后，雍正采取了一系列的善后措施，安顿了土司的生活，减轻土民的赋税，力图使那些蛮夷之地的人们从土司弊政下得以解脱出来，感受到雍正王朝的仁慈与和谐。

雍正八年（1730年），在血与火的战争中，西南五省的改土归流初告成功。在经历过太多的杀戮之后，重病的雍正与鄂尔泰，会不约而同地想起成都武侯祠大殿楹柱上的那一副著名的楹联："能攻心则反侧自消，从古知兵非好战；不审势即宽严皆误，后来治蜀要深思。"对于西南的蛮夷，应当以攻心为主。《三国演义》中，诸葛亮七擒孟获，攻心为上，但最终也因为杀生过多，自损寿命。但病榻之上的雍正与鄂尔泰还没有来得及忏悔，云南的乌蒙便出事了。

乌蒙总兵刘起元为官贪婪残忍，勒索彝族百姓的财物，肆意奸污彝民的妻女，纵容下属欺凌贫苦的彝民。对于彝民的马匹，好马则被将官索之，一般马匹则被士兵索之。寨民贩卖薪炭，清兵们以收税为名随意勒索。大关的通判刘镇宝，更是彝民痛恨的对象。在改土归流后他为彝民丈量田地，却以苛刻为能，害苦远近的彝民。

雍正八年（1730年）八月十八日，正是刘起元的生日，他下令各村寨祝寿，张筵数日。各寨相约藏兵器于饲马草中捆载入城，二十五日黎明攻城，各寨群众拿获刘镇宝，掌其颊、杖其身、斫其脚、加以镣，他们痛快地说："这些都是你们平常残害我们的刑法，今天，就让你也尝尝此中滋味。"刘起元仓皇逃至荔枝河，最终被暴动的彝民杀死，同时被杀的官吏，还有游击江仁、知县赛知大等。

听到这个消息，刚刚写完遗书的雍正，仍是那种意气萧索的语气："今年春夏以来，朕躬违和，精神不能贯注及此。鄂尔泰于夏秋之间亦抱恙，而乌蒙远隔千余里，岂计虑之所能周？"尽管明明知道此次暴叛罪在刘起元，鄂尔泰却已动大开杀戒之心。他一面上疏雍正引咎辞职，一面急调云贵官兵，分三路会剿。

叛乱的彝民们，本是因为一时的义愤而起兵，他们并没有太多的政治目的，也没进行过周密的军事安排。很快，三路镇压人马就攻入了东川与乌蒙天梯古城。在彝族一首苍凉的古歌《叙乌蒙》之中，天梯乌蒙古城"像天宫那样，精美而壮丽"。但是，鄂尔泰的复仇之师，使这座美丽的大城经历了毁灭性的屠戮与焚掠，这座几百年历史的大城顿时变成一堆瓦砾，"举步髑髅，遍野尸骸。叠尸流血,秽气满城。阵风尽腥,杯水半血"。鄂尔泰的军队将最后的叛军赶到悬崖边上,逼迫这些走投无路的可怜的人们滚崖投江而死。

乌蒙一案,鄂尔泰拿获解省要犯共四百七十名以及眷属一千余名。除了被他杀戮和逼上绝路,滚崖、落水而死的人以外,还有八千余名被挑去脚筋或砍去右手的"从逆"男女被分别赏给"进剿"官兵为奴。阿底的土目补凶等人,虽然曾卷入过乌蒙的叛乱,但是不久后便向哈元生等将领表示悔罪投顺,并且跟着哈元生等一起打进了乌蒙。可是,鄂尔泰却认为他们的投顺非出本心,要哈元生于回师之日,"尽数擒拿枭首,沿途悬示,以除后患,以儆群夷"。

面对朝臣们的攻击,鄂尔泰解释:"我非好杀人者,人所共知。但恐今日不杀少,日后将杀多!"中国历史上最大规模的改土归流运动,到此暂告一个段落。

在雍正王朝的实录中,描写了一个牧歌式的改土归流的过程。在这个充满奇幻色彩的改土归流中,清王朝的州县扩土三千里,在这个多彩的云贵高原之上,有卿云、醴泉等祥瑞,竟然还长出中国几千年历史中都没有见到的二尺长的粟子穗。改土归流确也有实实在在的功绩,这里派遣流官以后,增添了营汛,建筑了城池,新办的学校里也传出了朗朗的读书声。

雍正十年(1732年),鄂尔泰在北京的新居还没有装修完毕,雍正皇帝便亲自检查,他走遍了这座装修豪华的宅院后,狠狠地责备了负责此项装修的权臣海望,嫌他没有将这座屋子装修得精好。随后,雍正又亲书"公忠弼亮"赐给鄂尔泰,为这座新宅添彩。这一年鄂尔泰出将入相,成为当朝保和殿大学士,居首辅地位,成为雍止宝座下的第一大臣。

在西南的改土归流中，雍正实现了对五省"蛮夷"之众的"拯救"。他放眼普天之下，已经皆是王土，率土之滨，皆是王臣。就在雍正与鄂尔泰以为拯救了帝国中所有的"贱民、蛮夷"时，安徽的"贱民"、苏州的丐户、宁国府的附丁们，还要经历几十年甚至百年的血与泪，才能够融入地方社会之中。广东的一些疍民正在被沿岸的人们欺凌，不得不来到珠江口的一个蛮荒的小岛之上，避风避雨，垦地生存。一百多年以后，英国人将这个小岛叫作香港。

第十章 ∨∨∨
生死弹劾

雍正七年（1729年）十一月二十七日，在新疆阿勒泰的清军驻地，两个朝廷命犯正被套上鲜红的死囚囚衣，被绑赴法场。两个死囚犯一个叫陆生柟，另一个是原浙江道监察御史谢济世。此前，谢济世在清军军营的受业者十数人听到消息，都从各营中出来，要哭送恩师最后一程，他们购买香烛、酒肉设祭。但祭品尚未买回，提牢已到，谢济世从容地洗漱整容，辞别众人步行来到法场。

法场之上，谢济世的仆人戆子跪在地上，哭着呈上酒肉，谢济世冷冷地拒绝了："我不饮迷魂汤。"这时，主刑官将军王宣读圣旨："将陆生柟于军前正法，让那些怀怨讹讪的人臣们引以为戒！"在这苦寒之地、天涯尽头，谢济世亲眼看到自己军中唯一的朋友，带着绝望的笑，人头滚落地上。他惨笑着，忍不住一声叹息。

雍正四年（1726年）十二月，谢济世上疏题参了当朝宠臣田文镜"营私负国、贪虐不法"等十大罪状。雍正把他的奏章掷还，不让他参劾，谢济世却偏要坚持弹劾，雍正由此大怒。谢济世的弹劾为当朝"两大宠臣"李绂与田文镜之间的互参案火上浇油，他所奏的内容，与直隶总督李绂参劾的内容完全一致，两人显然公然结

《雍正帝行乐图》之五

党，扰乱国政，颠倒是非。

雍正二年（1724年）四月，李绂任广西巡抚，他到任轻车简从，深入民间；修建书院，训课诸生，开启文明；增加武备，严明赏罚，熟练阵法；安边柔远，招安少数民族的叛民，平息事端。

雍正三年（1725年）九月，广西修仁的十排、天河的三疃两地的瑶族人经常进行劫掠，李绂派兵深入十排抓获了其首领；三疃在万山丛中，难以用兵，李绂便在秋收之际派人看守他们的田地，断其收获；于是莫东旺等部落首领出来归顺，李绂则宽仁地免除其死刑。凭借这些成绩，李绂很快被提拔为直隶总督。不想，这位众所注目的大儒，在上任途中，路过河南境内时，却沾惹到困扰他一生的霉运。

清人绘李绂画像

李绂被称为清代陆王心学的"第一重镇"

雍正四年（1726年）三月，在广西往北京的官道上，众家仆簇拥着当朝宠臣李绂入京。李绂是当年雍正在雍王府时就招揽的亲信，也是当代的理学领袖，少年读书时便一目五行而下。康熙一朝的大学士李光地曾说，六百年以来，没人能超过欧阳修和曾巩，而李绂大有希望。诗坛领袖王士祯也说：通观当时的文士，没有一个顶得上李绂。

当时，田文镜主持的河南吏政，轻视士人，虐待科甲出身的官员。雍正身为皇子之时，满朝文臣对胤禩极度青睐，儒学名臣李光地更认为"诸王之中，胤禩最贤"。雍正早就敏锐地发现，这些科甲出身的官员已经蔓延到整个官场里，满朝大臣虽有官衔，私下里却自称师生，文人结党造成了各类腐败。又是田文镜，最早跟上了雍正的思路。早在雍正二年（1724年），田文镜就因为防止官员以师生关系朋比庇护，公开打击"科甲朋党"。雍正四年（1726年），田文镜已题参了信阳知州黄振国，次年正月密参汝宁府知府张玢、息县知县邵言纶、固始县的汪知县、陈州知州蔡维翰等人。

哪会如此凑巧，黄振国、张玢、邵言纶和汪知县都是康熙四十八年（1709年）的进士。河南的读书人愤怒地看到，仅仅是监生的田文镜，竟然不能容纳科甲出身之人在河南做官。由于河南带头形成的压制科甲人的风气，雍正王朝已渐渐形成了"天下方轻读书人，不齿举人进士"的局面。

事情就是如此凑巧，李绂也是康熙四十八年的进士。当他路过河南，当地最高长官田文镜对他进行礼节上的迎送时，李绂责问他何以蹂躏读书人，老吏田文镜当然能够举出四位进士所犯的各类罪过。两个封疆大吏的交谈遂不欢而散。

李绂的脚步还没有踏进北京，田文镜的奏折已经送到了雍正处，而雍正不动声色地等待李绂。进京陛见时，李绂受到雍正的热烈欢迎，雍正赐宴内廷，赏李绂四团龙褂、五爪龙袍，赐对联。很快李绂便进入正题，他向雍正述说了田文镜种种苛刻严酷的行为，君臣一席话一直谈至午夜。李绂随后上疏弹劾田文镜，参劾田文镜"任用佥邪，贤否倒置"；信任"本属市井无赖"的署理知州张球。四进士之案的真正原因，在于张球向邵言纶勒索未成，竟然向田文镜诬告此四人。如今，田文镜把黄振国害死在狱中，以杀人灭口。

此时，雍正陷入两难境地之中，他曾经对李绂说过："你与田文镜二人，实难辜负朕恩也。"雍正进一步解释过："你们都不是由旁人荐举，都是朕特选、特用之人。"雍正一朝官员们互相弹劾已成风气，但两位"特用"的宠臣竟然狭路相逢了。

雍正把李绂的折子裁去头尾发给田文镜，要他审查张球。田文镜回奏说张球是贤能之员，才具操守均有足取。田文镜话里有话地说，看看疏内斥张球为"市井无赖"，可知此人必为进士。他的潜台词便是：此人必是康熙四十八年（1709年）的进士，同年科第不无徇私袒护之处。并借题发挥说，将来科甲自多，他们一旦被参便群起妄议，如此一来，科甲之员如有贪污苟且之事，督抚诸臣断不敢题参弹劾了。

田文镜果然担任一代酷吏的本色，此番说辞，一举击中了雍正心中的最禁忌处。不过，雍正仍然派遣刑部侍郎海寿、工部侍郎史贻直为钦差大臣，到河南审理黄振国等案。钦差们到河南，证实黄振国虽没有被田文镜害死，却也被折磨得"血流不止，饮食不进"。黄振国原是兵部尚书蔡珽的旧部，本来考核政绩时已被参革，由于蔡珽的推荐才得任知州，李绂与蔡珽的关系向来密切，在雍正看来，这无疑是朋党庇护的铁证了。海寿等查明张球贪污不法之事，证明田文镜确实是在袒护张球，却又揣摩雍正的意思，把李绂对田文镜的参劾视为是朋党行为，反之，田文镜打击科甲官员则是打击朋党。

钦差们于是确定了庇护田文镜的结论。老吏田文镜却抢先向皇帝虔诚谢罪，而且是"羞愧无地，悚惕难安"地谢罪，雍正则和颜悦色地安慰道："何罪之有？……此等人此等事阅历一番，对为官为人也有益处。"随后雍正特地赐给田文镜风羊、荔枝。河南通省的臣民看到,这个得罪了天下臣民的巡抚,竟然再次屹立不倒,简直是官场中不可多见的异数。

田文镜的"武器"就是他的孤独。在全部的从政历程中,田文镜没有结党营私,他出身草根,心中只有皇帝。雍正在批给田文镜的奏折中说:"你主子是个真正明镜铁汉,你若信得过自己,放心又放心,就是金刚不能撼动朕丝毫,妖怪不能惑朕一点。你自己若不是了,就是佛爷也救不下你来……"

带着书呆子气的李绂,却仍在喋喋不休地辩解。他说田文镜讲他袒护同年进士,是"立说甚巧,而实未合",还说自己也曾题参过自己的同年……此时,雍正已经把密探王守国等人安插到了李绂的身边,已经不耐烦再听到李绂苍白的置辩。经过此番苍白的辩论,李绂彻底地失宠了,开始了多灾多难的宦海生涯。

此案尚未平息,谢济世弹劾田文镜的奏折再生波澜。雍正一怒之下把谢济世革职,并且令大学士、九卿、科道三堂会审。刑部尚书励杜讷担任主审,喝问谢济世谁是指使者。谢济世从容地回答说:"有两个人。"励杜讷问是哪两个,谢济世答道:"孔子、孟子。"励尚书闻言大怒,谢济世继续从容答道:"田文镜的恶名,中外皆知。我从小读孔孟之书,粗识大义。见奸弗击,就是不忠,你必欲究问指使者,不是孔孟又是谁?"励杜讷下令大刑伺候,严刑拷打太厉害时,谢济世就大呼雍正父亲康熙皇帝的庙号,弄得满朝大臣面面相觑。清廷的传统,只要一听到皇帝的庙号,所有大臣均要下跪。谢济世凄厉的呼喊让所有的大臣双膝发软。

就在这时，监察御史陈学海挺身而出，主动供认自己就是谢济世幕后的"主谋"。此案峰回路转，众审官皆愕然，原来陈学海是谢济世的舅舅——通政使蒋肇担任考官时的门生，他曾陪同钦差刑部侍郎海寿等人审理田文镜一案，并将真实的内情告知谢济世。陈学海的义举并未救出谢济世，雍正还是将谢济世发配到新疆的阿勒泰军前效力，将蔡珽降为奉天府尹，李绂调为工部侍郎。互参案的始作俑者黄振国被处斩，张球被判处死缓。

面对如此偏袒的判处，陈学海随后借病退朝休假，以示抗议。结果，他被雍正派出的官医突然袭击检查身体，被验出无病，故被夺官，并与谢济世一道充军。在充军的队伍中，还有一个比谢济世更木讷的书生囚犯陆生柟。这位举人出身的工部主事，因为在奏折中写有"五经四书中如'惠迪吉''从逆凶'，何以异于佛老？"等句，让雍正觉得他是在讽刺自己，进而联想到陆生柟是广西人，与谢济世是同乡，而李绂原先做过广西巡抚，"平日必有与李绂、谢济世结为党援之处"。于是把陆生柟革职，也发配到阿勒泰。

雍正五年（1727年）二月，在北京通向广西的漫长的官道上，李绂一人一骑，在刺骨的寒风中赶路。为何？就在此月，雍正发布上谕，要把官场中科甲人的自"唐宋元明积染的习气，尽行洗涤"。几乎同时，广西代理巡抚韩良辅上疏：天河县牢中所关押的莫东旺，原是李绂批令结案的罪犯，但是迟迟没有发落，以致瑶族壮汉们竟然闯进监狱，把莫东旺劫持而去。按理来说，罪犯在新任手中逃脱，责在新任，不想韩良辅却反说前任措施不善。雍正听罢，刻意刁难李绂，要他重回广西，不带一吏一卒，单身捕拿莫东旺归案。

满朝文武都为李绂的身家性命担心,李绂却要义无反顾地远赴广西,他的背囊中只有笔墨书籍,却要单身擒拿莫东旺。当他行至中途时,莫东旺在广西得知李绂因他受牵连,心中愧疚,毅然自首。当巡抚审问他何以如此时,这个耿直的瑶族汉子回答道:"我不可以负李公。"

李绂还没有认识到此举的危险:他的声望越高,雍正猜忌之心便越重。雍正七年(1729年)春季,一个满族将军带着特殊的使命来到阿勒泰的大营,他带着雍正最新的指示。那年,雍正在上谕中说,科举进身官员以"科甲流品相夸尚,其风自唐宋以来就有之,至前明而流弊已极"。又说:"科甲之习一日不革,则天下之公理一日不著。"刹那间,雍正甚至有废掉科举的意思。就在那年五月,驻守阿勒泰的顺承郡王锡保发现,自己辖地上的案犯陆生柟写了一部作品——《通鉴论》,在这十七篇文章之中,多为慷慨激昂、愤愤不平之语,而且论及国家大政,语锋之处,显然在抨击时政。锡保同时发现,谢济世也写了一部著作——《古本大学注》,书中毁谤当朝引为圣贤的程子朱子。众臣会审后作出判决,谢济世与陆生柟一同处死。

在阿勒泰军营的法场之上,谢济世亲眼看到,陆生柟被砍掉的人头上写满恨意。此时,行刑官问谢济世:"你看得清楚吗?"谢济世从容地回答道:"吾见矣!"就在此刻,将军王又宣读雍正圣旨:"谢济世从宽免死,交与顺承王锡保,令当苦差效力赎罪。"原来,雍正判处谢济世的仅仅是陪斩。

谢济世从刀下捡得一条性命,回到住处取行李,见受业者设置的祭坛烛香未烬，酒还温热，他的心中刹那间涌起关羽温酒斩华雄的掌故。他文质彬彬地向设祭者作揖道："生受可乎？"弟子们非常感慨，向他敬酒说："先生难道真的不动心吗？为何绑赴刑场时，没有半点惧容？"谢济世长叹一声，他近半年来对死这一关，已经深思熟虑了："论逍遥自在，生不如死；论痛楚，病不如刑。尸解而去，何惧之有？"

数日之后，王锡保给雍正上了一封疑点重重的奏折，奏折中声称谢济世在阿勒泰供认，他弹劾田文镜是受李绂指使。没有人知道，已经把生死都看开的谢济世，为什么经历了这场生死考验后竟然诬陷李绂。在紫禁城内，陈年的旧案似乎终于被查清，雍正当着王公大臣们的面，把李绂痛骂一顿，随后将他投入死牢。

在等待砍头的日子里，在那些绝望死囚的叹息声中，李绂照常能吃能睡，并抓紧时间看书。他的狱友、甘肃巡抚胡期恒赞道："你是真正的铁汉子也。"刑部侍郎杨某听到此事时满腹狐疑，他根本不相信天下竟有如此的"铁汉"。在行刑的当天，囚车押送到菜市口时，他还专门贴近李绂身边，问李绂一些经史的疑义，李绂应答流利如平常。杨某呆呆地对旁人说："李公真铁胎人也。"刽子手的刀架到了李绂的脖子上，刑审官没有问他遗言，却貌似漫不经心地问道："你现在认为田文镜是好是坏？"李绂从容答道："臣虽死，而不知田文镜好处。"行刑官突然掏出雍正的圣旨，宣布免李绂一死，让其在八旗志书馆效力行走。

在河南的总督府里，田文镜仍然坚持着对士人的厌恶。他题参进士出身的知县周知非"顽废不职"。雍正认为这是科甲入仕者怨恨田文镜而废弛政事，下令将其革职拿问，以使科目出身之员知所儆戒。此时，田文镜已经弹劾士人出身的各类官员数十人，他甚至对自己的邬师爷的孤傲性格开始厌烦，并对这个士人风气十足的幕僚冷淡下来，邬先生是个明白人，随后便愤然离去。

不料，邬先生这么一走，田文镜给朝廷的折子总不达上意，经常被雍正斥责。在无数个难以入眠的夜里，监生出身的田文镜头一次感受到士人的重要，他恐惧地意识到，失去了邬先生，他便失去了和雍正沟通的语言。田文镜只好派人多方寻访，好言好语地将邬先生重金请回。邬先生开始不肯回去，后来摆起了文人的臭架子，提出说要每日五十两银子。一向对文人施以铁腕的田文镜，只能尴尬地答应下来。

邬先生回来后，学会了文人所有的臭毛病。他再也不像其他幕僚那样恭敬地遵守督抚衙门里的时间。每日日上三竿，他才进抚衙办事，见到桌上有纹银五十两，便欣然命笔，要是哪天没有放银子，他就翩然离去。田文镜也不敢怪他，毕竟邬先生回来后，雍正没有因为折子的问题责怪他了。邬先生的名气越来越大，连雍正都知道田文镜幕中有个邬先生，也知道折子是邬先生所写。有一次，田文镜的请安帖到，雍正在上面批道："朕安，邬先生安否？"

在北京八旗志书馆这个清静的衙门里，李绂开始静心于自己的学术生涯。脱离了那些官场学术，这位铁汉，终于看清了雍正这位"明镜铁汉"的秘密。自古以来，儒臣与酷吏之斗是宫廷争宠的永恒一幕，雍正此番有计划地打击科甲官员，不过是要打击相权，打击儒臣们的权力。科甲出身的谢济世、陈学海等官员与李绂同声相应，同气相求，说到底都是向皇帝为儒臣争地位，鸣不平。"武死战，文死谏。"雍正就是要打掉这些科甲官员的风骨，以及儒臣们抑制膨胀君权的传统。在书桌前，他开始认真地梳理从明代的东林党，从清初的黄宗羲那里提倡的限制君权的理论，感慨天下士人自甘堕落到训诂之中，将心学传统一直追溯到南宗的陆九渊。多年以后，人们称赞李绂为清代陆（九渊）王（阳明）心学的"第一重镇"。

雍正十年（1732年），在黄河水灾中，田文镜彻底陷入了孤独。他知道，这种孤独曾是他最骄傲的资本，曾带来雍正对他无限的信任；曾让他赢得了与朝臣间相互弹劾的几十次胜利，曾给他带来无数次的恩宠。如今，在湿漉漉的衙门里，孤独却成为这个衰老了的官吏的囚牢。

在得罪了河南几乎所有的官员、百姓以后，他无比渴望离开河南这个是非之地。雍正十年（1732年），直隶总督刘于义改署陕甘总督。当过直隶总督的李绂知道，直隶总督是一个高处不胜寒之位，蔡珽、李维钧等总督都不得善终。此番田文镜却想方设法讨好雍正，想从河南调到直隶当总督。此时邬先生已经急流勇退，向他不辞而别了，他只能以残存的所有经验，谋求这个位置。这时，从北京传来消息，闽浙总督李卫上调到直隶任总督。

六十九岁的田文镜，终于感觉到恩宠将永远不再了。他曾经写了不少弹劾李卫的密折，在雍正面前说尽了李卫的坏话，但雍正竟不为所动。李卫调到直隶总督日子不久，就赶上了母亲的七十大寿，总督衙署里好一番热闹。田文镜竟然破天荒地派差官带了好多珍贵礼物专程来到保定。没想到李卫出堂一见，立即就火冒三丈，把礼单一撕，扔在地上，指着摆在地上的礼物喝道："快把这些肮脏的东西给我扔出去，我直隶总督的大堂绝不是他田文镜的河南衙门。"并将田文镜送来的东西丢进了猪圈。

田文镜做梦也没想到，他唯一的一次结党行为，竟然遭受到如此的耻辱。

不久以后，雍正皇帝发布上谕："田文镜近来年老多病，精神不济，为属员欺诳……"此时田文镜其实没病，雍正皇帝实际上是劝他知难而退。十一月，田文镜奏请解任，雍正皇帝迅速地批准了他的奏请，他怜悯地想到，这位兢兢业业的官吏终于脱去了一生的重负。田文镜很快便收拾起清贫的行囊。尽管做了近十年的封疆大吏，他的家境却还是极为贫寒，子女亲属几乎清一色都是布衣。他此刻发现，除了雍正的恩赐，自己实际上一无所有。

雍正十年（1732年）十一月的一天，谢济世突然梦见陈学海来到阿勒泰军营。他很奇怪，陈学海早就被赦，回了北京，梦中陈学海拍手大笑，说是"恶人去也"，说罢又大笑而去。

谢济世在醒后便将此事记下。两个月后，北京传来消息：田文镜在解职后的几天内郁闷去世。谢济世当时甚感奇怪。三年之后，谢济世被乾隆皇帝召回北京，即派仆人去探听陈学海的消息，他万万没有想到，陈学海在给他送梦的那天夜里便已作古。

第十一章

江南捕蝉

一个充满喜庆的大年三十，翰林院修撰王云锦的府上，这个才华横溢的才子与亲朋好友们打叶子牌守岁。玩得兴起的时候，叶子牌不知怎么丢了一张，大家只得不欢而散。第二天上朝，雍正随口询问他新年假期都做了些什么。王云锦有些羞涩地将昨夜种种从实回奏，雍正的脸上竟然露出一丝诡异的微笑，他夸奖王云锦细事不欺君，不愧为状元郎。雍正说着，随手从袖中把那张丢失的叶子牌掏了出来。王云锦惊出一身冷汗：多亏自己说了实话，不然的话也许脑袋就搬家了。接下来的日子里，他总会想："到底是谁藏起了那枚叶子牌，并在深夜后将它交给了皇帝？是贴身的奴婢还是自己的亲友？"他知道，不管是谁，自己的一举一动都在监视之中。

下朝的时候，雍正走到紫禁城的御花园里。御花园堆秀山的"御景亭"下，摆着四条黑漆漆的大板凳，无论白天黑夜，都有四名"粘杆卫士"和四名"粘杆拜唐阿"坐在上面。康熙四十八年（1709年）以后，胤禛被升为雍亲王的时候，他便建立了这个叫作"粘杆处"的组织。"粘杆处"这个名字充满了童趣，在那时，雍王府内长有一些高大的树木，每逢盛夏初秋，繁茂枝叶中有鸣蝉聒噪，从小便喜静畏暑的胤禛便命门客家丁操杆捕蝉。

在"粘杆处"里，粘杆长头等侍卫、粘杆拜唐阿四十人、备网拜唐阿十二人、鱼勾匠这样的名字，总让人想到浪漫、休闲的夏日，实际上，这些侍卫都是从江湖中招募来的武功高手，他们白日里粘蝉捉蜻蜓，和雍亲王一同钓鱼，暗地里则把主人的政敌看成是鱼、蝉、蜻蜓一样的小动物来撒网捕捉、加以控制。

话说有一年，王士俊赶赴外地做官，当朝大学士张廷玉向他推荐了一名长随。此人跟随王士俊小心殷勤，当王士俊回京述职之时，这名长随却向王士俊告辞："我跟随您数年，看您没有大错，我得先进京面见皇帝，替您先说上几句好话。"王士俊乍听此言，两腿酸软，站在原地不能动弹，那长随回京汇报以后，便回到"粘杆处"的总部报到。"粘杆处"虽名义上属内务府系统，总部却设在雍亲王府。此时，雍亲王府已改为雍和宫，定为"龙潜禁地"。但奇怪的是改制后的行宫并未改覆黄色琉璃瓦，殿顶仍覆绿色琉璃瓦，雍正朝早就有人猜测：雍和宫虽为皇帝行宫，却有一条专供特务人员秘密来往的通道直通紫禁城。

送走了这名长随之后，雍正到紫禁城的御花园里散心，他胸有成竹地等待着王士俊前来汇报。此刻，天下就在他的掌握之中，只是除了江南……雍正会喃喃自语地念叨一句："粘杆处的人，何时可以到江南'捕蝉'？"

雍正七年（1729年）三月，浙江总督李卫手下的特务李奇，在南京的街头流浪。这位威风凛凛的公差，装扮成一个落魄的江湖术

清宫廷画家绘《雍正帝行乐图》之十二

士,为来来往往的人算命。他时而长时间地泡在人来人往的茶馆里,时而一个人坐在热热闹闹的酒楼之中,有时他还会去青楼风流之所,在这些盗贼的"盗线"上留心看、留心听。他知道,在这两江总督辖境的七府五州里面,到处是李卫派出来的特务,他们虽然是李卫的手下,却也把自己看成雍正王朝在江南的"粘杆处"。

清军入关以后,作为南明小王朝根据地的江南,几代以来成为明遗民的老巢,始终笼罩着一种挥之不去的反清复明的情绪。读书人逃禅隐居,著书讽世;习武人则四处奔走,伺机起事。江南还活动着幽灵般的"朱三太子"。朱三太子朱慈炯是崇祯帝的第三子,在清军攻入北京后神秘地失踪了,传说潜藏于江南。江南反清活动一直不断，各色人等打着"朱三太子"的旗号，前后进行了六七十年的斗争。康熙曾经布下法网，大海捞针般地寻找朱三太子。康熙四十五年（1706年），清廷在浙江湖州长兴县逮捕了朱慈炯的三个儿子，后来查明朱慈炯本人就在浙江一带活动。康熙四十七年（1708年），康熙声称诛杀了朱三太子，活在人间的朱三太子似乎真的死了。

但康熙末年，远在台湾的朱一贵起义，仍然尊奉朱三太子的名号。到了雍正年间，最为奇怪的事情发生了，有人声称朱三太子没有死，而是流亡海外，这次打出朱三太子旗号来反叛的人物叫李梅。广东总督亲自带兵抓捕，李梅却成功地逃脱，不知所终。

顺治年代失去踪影的朱三太子，竟然在雍正年代如春草再生。此时，朱三太子的势力以江南为核心，蔓延到了越南、中国广西等地。雍正六年（1728年），雍正指派李卫总管江南缉盗，为李卫特设浙江总督一职，希望李卫能代替自己得力的"粘杆处"，在江南"捉蝉"。

李卫精心训练出的"粘杆处"，显示出对民间社会惊人的洞察力。在南京的街头，"算命先生"李奇看到一群形迹可疑的人。这些人自称侠士豪雄，都是一些会武功之人，他们能熟练使用各种壮药，迷惑许多青年男子。李奇以算命为名，接近了其中一个重要成员于琏，渐渐地得知，这是一伙势力相当大的神秘组织。他们或者以卖卦算命为名，或造出奇门符咒，特别能够吸引那些没有户籍的闲散人员。他们住的地方都相当秘密，一有买卖商机，便会坐船出海。概言之，他们在江南一带已经拥有了相当的势力。

清人绘李卫画像

李卫（1686或1688—1738），字又玠，江南铜山（今江苏徐州）人。非科甲出身，以忠勇深受雍正皇帝赏识，平步青云，为雍正朝心腹之官

听到李奇的汇报，坐镇杭州的李卫派出自己最得力的干将——千总韩景琦，李卫送给韩景琦一个锦囊，让他依计行事。韩景琦在南京进一步打探以后，果断地诱捕了于琏。几番审讯下来，韩景琦用上了李卫的"锦囊"，答应这位监生出身的于琏一个条件，只要做污点证人，就可以免除罪责。于琏因此供认出一个神秘、庞大而且芜杂的组织，这个组织的骨干多达十人。

整个组织的头目叫张云如，他精通算命、符法、气功等各类邪教的邪术，所收门徒甚多。而这个组织里最富传奇色彩的人物，则是江南大侠甘凤池。甘凤池的启蒙老师、内家拳名师黄百家，是著名思想家黄宗羲的儿子。甘凤池家道殷实，武艺精湛，尤其是通天文六壬及兵法，胸怀大志，一心交结天下好汉，他早在康熙时期曾在浙江参加过反清的"朱三太子案"，现在已经成为江南各派力量的领袖人物。这个组织集中了江南各类反叛人物，有贩私盐出身的潘朝辅，有卖卦为生的蔡胡子，也有出家人圆实和尚。此外，组织内还有瑞匠、推盘手、车夫等苦力者。这些人以意气相投，以学问武艺相约，各处流动，谈论时事，切磋武功，这个"邪教"团体尊奉侨居在海外"吕宋山岛"的"朱家苗裔"为"真主"，准备于雍正八年秋天举事。

朱三太子的"阴灵"又复活了，而且要跨国谋反！当李卫奏折中兴奋地提及"吕宋山梁内有朱家苗裔"的旗号，并提出"邪教"组织打出"东明飞龙六年"的年号之说时，连雍正都紧张起来。雍正早在暗地派西洋传教士到吕宋岛查访朱氏后裔，此次再次命令闽广大臣加意访查。在浙江都督府里，李卫以为自己碰到了"天下第一案"。在此之前，北有田文镜掀起的李绂、谢济世案，南有岳钟琪发现了曾静、吕留良案，这两个由封疆大吏发动的案件，对号称捕盗高手的李卫构成莫大的压力。此时，李卫兴奋地设计出此案的大纲，他要对地涉江浙、福建，甚至广东、云南一带的反清势力、邪教势力进行一次总体打击。

西湖，杨柳岸边暗香袭人。从那年的八月起，李卫常常敲锣打鼓地从府上出来，把各类公事拿到西湖边的亭台楼榭间去办理。每次出门，他都大模大样地打出"钦用"招牌，李卫脸色白皙，但脸上全是麻子，穿上绣衣衮袍前呼后拥招摇过市，引得杭州城人争相观看。

开始，李卫得意扬扬，因为随着谋反团伙成员的陆续归案，一个新版本的"朱三太子案"似乎有了重大突破。然而，随着各色悍匪们提供的供词，案情越发匪夷所思起来，他们扯到了东南方的各个省份，甚至与二阿哥府上的人扯上了干系。大量天花乱坠的口供还在不断涌现，但这些头脑简单的江湖人士不是信口开河，就是喝了别人灌的迷魂药，那些破绽百出的供词，向李卫描绘出一个子虚乌有的起义。

这是一伙纯粹的乌合之众：张介绥等三个举人来到浙江入会，这三个愚讷的书生在码头之上竟然没有联系到组织；苏州的踹匠栾尔集与二十二人拜了把子，不过是希望进行齐行增价的斗争；河南固始县武生周图廉组织了一个小车会，只是希望生活过得更好一些，他们甚至没有盘缠南下南京参加这个"朱三太子"党。安庆人蔡胡子的供词更让李卫陷入绝望：所谓的八年秋天举事，不过是根据相书中推算的"吉日"。大量的江湖人士被源源不断地抓捕到了浙江，但除了浙江，其他各省地方官员对这个复活了的"朱三太子"并不"感冒"。福建等地官员甚至在接到雍正密旨后，也只是礼节性地上报说本省并无有关匪盗踪迹，"地方甚为宁谧"。

江苏南京的两江总督府里，总督范时绎也陷入绝望之中，他的脑子里满是李卫那张讨厌的麻子脸。此时，雍正已经连批十多道奏折，责备他与江苏巡抚陈时夏"手腕软弱，不能戢盗"。范时绎的爷爷乃是清朝第一谋士范文程，如今，这个家族是否要在他范时绎的手中衰弱下去呢？

尤其是嚣张的李卫。此次"江南案"中，李卫的下属动不动来到两江辖境"奉旨"拿人，视两江官场上下如无人。李卫的下属与他一样耀武扬威，这些国家公差，做事总是鬼鬼祟祟，一身江湖气息。那个叫韩景琦的千总自称是李卫小妾的干哥哥，那个被革职的游击马空北，也是满身官痞气息，他们动不动搜查民宅，视两江官场如无物。在范时绎的眼中，江南这些反贼，不过是一群对社会不满的底层百姓，而"匪首"张云如不过是一个身怀绝技的江湖人士，范时绎甚至想向他学坐功养生之学。

西湖的游船之上，操劳过度的李卫已经连续吐血。随着案件的推进，几乎所有的线索都将他带入死胡同里。他派往苏州拿人的属下马空北等人，将此案件的线索从两江辖境，带入东南省份的各个阶层中，甚至骚扰到了福建学政戴瀚、原翰林唐建中等社会名流。北京的朝堂之上，群臣们已经议论：这个无头案中，李卫已经抓了上百人，他不过想多抓些无辜的人来充功罢了。满腹心机的李卫终于发现，马空北已经被范时绎买通，成为潜伏在李卫特务组织中的"无间道"。

虽然李卫不断"骚扰"两江辖区，但是范时绎手里还有一张"底牌"，那就是李卫的老家铜山就在两江总督的辖境。此时在铜山老家，李卫的堂弟李怀谨放纵不法，范时绎派人查问，想通过李卫的老家向李卫施压，杀一杀李卫嚣张的气焰。没想到，李卫听此消息后，竟然派人，一举将堂弟李信枝、李怀谨囚禁。李家花银子才捐出了李卫的前程，没想到这个麻子小人竟然如此不近人情，毒蛇反噬。李氏全族一时哗然，他们在祠堂里议论，声称要将李卫开除祖籍。名臣世家出身的范时绎根本没有想到，武夫出身的李卫，不惜得罪自己的宗族，跟自己斗争到底。

雍正七年（1729年）十二月，范时绎与李卫的冷战热攻陷入停战状态。李卫的"江南案"也许会在这冬天里凋零。就在这时，一位信差风尘仆仆来到了西湖岸畔李卫的办公地点。他是江苏按察使马世烆的老家人。李卫当面喝道："这个案件已经立案四个月了，我们跨省抓了上百人，你们两江为什么不把贼首张云如送过来？"此人连忙解释："此案人犯张云如，似乎另有隐情，还请大人再细加察访。"

就在这个相持的时刻，范时绎阵营中这个"画蛇添足"的一笔，给自己的阵营带来了灭顶之灾。

几日之后，雍正收到了李卫的密折，上面写有一个爆炸性的内容，与江南谋反案有涉的两江官员详细名单：两江总督范时绎、江苏按察史马世烆名列其首，还包括了两江一些提督、副都统等高级武官，甚至连安徽巡抚也榜上有名。范时绎阵营"画蛇添足"的一笔，使李卫主持的"江南案"峰回路转——其重点从平叛戡乱，修正为弹劾地方大员。范时绎搞的潜伏特务太小儿科了，李卫的"反潜伏"已经取得突破性进展，张云如组织的江湖社会与两江官府有着千丝万缕的联系，主犯张云如与署理两江总督范时绎、江苏按察使马世烆等俱有笔录往来；案中嫌犯程汉瞻，身为盐商，于各处衙门皆有交结；张晓夫曾做副都统德尔西本的西席；张安侯也曾在安徽巡抚门下做材官。

"大奇，大奇！"看完李卫的奏折以后，雍正一下子陷入惊奇之中。在"江南案"中，范时绎竟然一反平素怯懦之态，公然与李卫正面冲突。雍正对范时绎这类功勋之后更加厌恶了。"范时绎系一庸才，取其才尚不能欺朕、胆尚不敢为非。只有身家操守可保大族姓，料不负国……"

实际上，李卫此番在江南大肆"捉蝉"的时候，躲在一旁的雍正早就发现，李卫将迷失在死胡同当中。此时，雍正调整了案件的方向，将这桩注定成为败笔的匪盗案件，转为一个封疆大员们的失职案，向两江冗员开刀。

几天之后，雍正钦定工部尚书李永升为钦差大臣，命他风尘仆仆地赴杭州会审此案。路经苏州时，李永升便将已解任候审的江苏按察使马世炣、副将张玉金等顺路押往杭州。随后李永升、李卫等人便开堂会审马世炣等包庇匪盗一案。两江官场上下真的被清洗一番，马世炣、张玉金等被议革职，范时绎被议解任。而毛贼张云如、蔡济思、圆实和尚等人被斩首。

当双料特务马空北被押往刑场时，雍正一万个不心甘。此时，李卫的总督府中正上下相庆，庆祝侦破了一个与曾静案、李绂科考案同样级别的当朝大案。此时，所有人都忘记了马空北的功劳：虽然此案活捉了一百多人，但那些人都是无关紧要的小角色，此案的最高潮处，就是马空北诱捕甘凤池。甘凤池武艺高强，李卫害怕强逮不着，嘱咐马空北去诱捕。马空北在镇江找到这位江南大侠，邀请甘凤池给总督侍卫部队当武术教习，还顺带给李卫的儿子当武术家教，连哄带骗，马空北终于成功地说服了这个见惯官场风雨的老侠客，甘凤池竟然放下手中之事，偕子亲赴浙江总督衙门。

在江南案中，甘凤池是个"总开关"，李卫曾经向雍正称，甘凤池曾向他叩首乞哀，愿以自首赎罪；李卫还冒死为甘凤池开脱罪名，说甘凤池颇晓得天文兵法，所以那些各类民间不法组织便想以将帅拉拢他，但是有过案底的甘凤池狡猾异常，每次都是给对方一个空头许诺，并未有实质性的谋反事件。

当刽子手举起鬼头大刀时，马空北仰望苍天，竟不知是该哭还是笑——他也算为江南案跑前跑后，最终落个身首异处；他绞尽脑汁抓获的匪首甘凤池，仍毫发无损地待在监狱里，朝廷根本没有处理他的迹象；李卫在这件虎头蛇尾的案件里几乎是乏善可陈，却因此成为雍正身边最红的总督；两江总督、江苏按察使与此事本无干系，却因为这个不成气候的盗匪团伙而丢官……

虚无缥缈的朱三太子、捏符算卦的邪教教主张云如、小车会中的穷汉子们、庸才总督范时绎，这些风马牛不相及的人，竟然被雍正与李卫集中到一起，凑成雍正七年至八年间的惊天大案。

马空北人头落地的时候，白脸麻子李卫正在听一个叫季麻子的人说书。每当季麻子讲到忠贤遭到不平之事时，李卫总会当场呜咽，甚至愤恨得拔剑而起。此时，他微微地一笑，"江南案"是"朱三太子"最后一次露面了，江南一带，前明遗民情结的精英已经散尽，宗教迷信在民众中正在取代"反清复明"的号召力。"江南案"对江南前明遗民情结给予了最后的一击，以后的清朝再无"朱三太子"这杆暴乱的旗号，以"反清复明"为旗帜的遗民运动气数已尽。

李卫的这场"江南捕蝉"，终于消除了江南不和谐的杂音。实际上，李卫治理江南的功夫却在此案之外：武夫出身的李卫，远比雍正更深谙浙江人的性格。

"天下才子半出江南，江南才子半出浙江。"大字不识几个的李卫为了装门面，曾从书摊上买了一批书塞满了自己的书房，猛一看琳琅满目，细一看却是《三字经》《女儿经》等低幼读物，以及一些色情文学书籍。浙江文人却莞尔一笑，倒是喜欢李卫直来直去的性情。雍正四年（1726年），受年羹尧、隆科多案件波及，雍正迁怒于浙江全省，说浙江的士人"挟其笔墨之微长，遂忘纲常之大义"，下令停止浙江人的乡试和会试，断绝浙江籍士人仕进之路。经过李卫的不断努力，雍正七年（1729年）恢复了浙江的科考。那一年，浙江人一举取得了殿试一甲的前三名，状元、榜眼、探花的荣耀尽归浙江。

殿试的功劳当然要归于皇帝。浙江湖州的一户普通人家里，有一万多条蚕。这一万多条多愁善感的蚕思念起雍正皇帝的"皇恩浩荡，广被于民"，竟然集体吐丝织造了一幅祥瑞之茧，长五尺八寸，宽二尺三寸，蚕茧上面的图案精美鲜艳、巧夺天工。这个祥瑞虽是李卫助手、署浙江总督性桂所报，但只有李卫这样的粗人能想出"万蚕同茧"的荒诞话来。不过，雍正为了笼络浙江人，向朝臣们宣布了这个浙江的奇迹。

有道是"天下财富半出江南"，李卫主政浙江以来开源节流，仅开发玉环岛荒地一项就新增耕地十余万亩，为国库增加租谷赋税二万五千余担。他着力整治海塘堰坝，满足嘉、湖、苏、松等府的农业灌溉，更使诸府免受海塘溃塌水浸淹没之苦。雍正十二年（1734年），作为直隶总督的李卫南巡浙江勘查海塘时，浙江百姓以为李卫重来任总督，四方百姓欢天喜地前来迎接，欢迎队伍长数十里。

当然，这位李卫大人还要留一份给自己。多年以后，乾隆南巡游至杭州城。他漫步在西湖之畔，在苏堤北端看到了一座花神庙，庙内奉祀十二个月花神和四个催花使者。花神庙中有楹联一副，上联为：翠翠红红处处莺莺燕燕；下联为：风风雨雨年年暮暮朝朝。

乾隆雅兴大发地走入花神庙之中，竟然看到了一张熟悉的麻子脸，庙中赫然摆着李卫的画像，花神庙为李卫所修，表面上是祭祀神位，却暗合了自己想要做神仙的心愿，他按自己的模样画像，还顺便把十二个妻妾带上了。浙江才子以文自傲，却也愿意为这个半文盲烧香磕头。在画像下面，李卫满不在乎地在牌位上写道："湖山神位。"

第十二章

军机杀机

雍正十年（1732年）十月开始，岳钟琪都待在一间木笼囚室里，等待着雍正对他的最终审判。这位当朝最炙手可热的汉族将军，要接受兵部大堂的审讯，要不时地书写认罪书、悔过书，以应付主审官的过堂和争取宽大处理。

　　单调难熬的日子，像钻在心里的虫子折磨着他。有时候做梦，他总是梦想回到天山南北、河西走廊、新疆大漠那广袤的天地之中。每一天，他都等待皇帝的恩赦，希望自己重新回到西北的战场之中，哪怕是马革裹尸归来。他一天天地数着日子，一数就是两年。

　　号子里很快热闹起来，他的部下王廷松、纪成斌等爱将先后被押入大牢，他的盟友傅尔丹，以及傅尔丹的下属们也挤进了牢房。这些囚徒原本是雍正派往西北战场的统帅，如今只能低声聊些闲话，探讨一下雍正皇帝的用兵之道，聊一聊天山、阿勒泰一带最可怕最狡猾的敌人、准噶尔部落的年轻酋长噶尔丹策凌。

　　偶尔，被噩梦惊醒的时候，岳钟琪会怔怔地想："皇帝真的相信我吗？这位乾纲独断的皇帝，在哪个瞬间相信过我？"

　　雍正七年（1729年）四月，西安的郊区筑成一座雄伟的高台。

雍正令正使兵部尚书查弼纳、副使内大臣公伦布、理藩院侍郎顾鲁，带着宁远大将军的印信赶赴陕西，在高台之上封坛拜将，兴师动众地拜授岳钟琪为宁远大将军。

岳钟琪记得，汉高祖刘邦也曾在汉中筑坛拜韩信为大将军，雍正正是仿此典故，希望岳钟琪带兵平定西北。早在当年二月，科尔沁、喀尔喀草原传来请兵急奏，蒙古人受到西北准噶尔部落噶尔丹策凌的攻击，雍正决心出兵征讨。他命令黑龙江将军、内大臣傅尔丹为靖边大将军，统领满、蒙旗兵组成北路大军；授川陕总督、奋威将军岳钟琪为宁远大将军，统领川陕甘汉兵组成西路大军。雍正希望西、北两路分进合击，最终直捣准噶尔部落的老巢伊犁。

此时，岳钟琪仍受到曾静、吕留良一案的困扰。那些民间反清的传说沸沸扬扬，使岳钟琪急于在西北战场上取得战功。准噶尔为

清宫廷画家绘《雍正帝行乐图》之四

游牧民族，转战比较容易，如果数千里出兵，必须解决长距离运输问题。岳钟琪特意为此次西征打造了一支车骑营。"驾长车，踏破贺兰山阙。"作为岳飞的二十一世孙，岳钟琪会想到祖先《满江红》的词句。受拜大将军之后，他踌躇满志，并给雍正上折，详陈此次西征有十成胜算的计策。

无比乐观的岳钟琪，还不太了解准噶尔的变化。噶尔丹策凌成为准噶尔的可汗以后，发现这个草原帝国面临着几个世界级强敌的包围。它西与哈萨克斯坦对峙；北部受到俄罗斯帝国的蚕食；东南与清帝国的冲突不断升级；东边他们面对着成吉思汗的直系子孙——喀尔喀蒙古人的领地。噶尔丹策凌虽然年轻，但准噶尔的老臣们仍在，噶尔丹策凌改革了部落制度。这位年轻的首领发现自己的领地上盛产铜、铁、硝石和硫黄，他不断地发展枪支、火药、铅弹等工艺。准噶尔人抓获了精通铸造之术的瑞典军官列纳特以后，噶尔丹策凌如获至宝，他优待这位欧洲人，让他主持制造大炮，列纳特铸造了四磅炮十五尊、小炮五尊、十磅炮二十尊，组织了一支精锐的炮兵部队，并且把这支最尖端的部队就布置于东部和东南部边境线上，对准清军。

这年夏天，保和殿大学士、太子少保张廷玉，在紫禁城内搭建了一个简陋的活动木房，开始在这间狭窄闷热的木屋中办公。这个活动木房就设在雍正的寝宫附近，较为安静，皇帝近在咫尺，可以随时传谕召见。这个木房就是日后大名鼎鼎的军机处，终清全朝，它始终离皇帝的寝宫咫尺距离。甚至在皇帝出巡时，它也忠实地靠近皇帝的行宫。

此时，无论是雍正还是张廷玉都没有意识到，设立军机处是清朝政治的重大改革，他们只是感觉到，一切都回到了雍正刚刚登极时的默契之中。那是为康熙大帝服丧的日子，新帝雍正守棺尽孝，处理事务多有不便，每次便命张廷玉入内口授大意。有时候，张廷玉干脆趴在地上直接书写，圣旨草稿写成便呈给雍正御览，每日不下十数次。君臣之间默契的配合，让雍正分身有术，成功地度过了那段危机重重的过渡时期。

雍正王朝的十多年，每天不离左右的只有张廷玉一人。有一次，张廷玉患病在家休养，雍正感慨地对身边人说："朕这几天臂痛，你们知道吗？"左右欲唤太医入内，雍正却说："大学士张廷玉患病，就是朕的臂痛。"雍正已经把张廷玉当作自己的臂膀、自己的分身。

此时，只有张廷玉等寥寥数人知道，这场战争早在雍正五年（1727年）便开始准备。那年十一月，雍正密令河南、山东、山西三省督抚，在步兵内拣选两千精兵，要精通鸟枪；同时密令河南总督田文镜购买大量的骡马。

雍正七年（1729年）六月，雍正特意选择了一个上好的黄道吉日，作为西征大军出征的日子。宁远大将军岳钟琪在出征的途中，遇到噶尔丹策凌可汗的使臣特磊，这位能言善辩的准噶尔使者说，他们希望能够与天朝和平相处，为了表达和平的诚意，他们甚至带来了清朝的逃犯——罗布藏丹津。

天朝帝国，一下子陷入缺乏战争借口的尴尬。雍正命令西、北两路大军就地扎营，调北路军统帅傅尔丹、西路军统帅岳钟琪回京。

雍正自尊的个性，使他不能容忍后世给他的平准武功戴一个不仁之冠，他只能被迫改变策略，重新寻找战争的借口和时机。

雍正八年（1730年），王朝无比宁静。噶尔丹策凌探知岳钟琪回京的消息后，立即派遣小策凌敦多布率领精兵二万人马，偷袭科舍图清军马厂大营。科舍图马厂大营是清军的一个重要军事基地，这里集中存放了大批的驼马、粮草、辎重。

西路军代理军务的纪成斌，以为满洲人英勇善战，故派满人副参领查廪带领一万人守护牧场。不料，查廪竟是个怯懦畏寒之人，他只命五十名士卒负责放牧，自己却率其他兵丁躲到山谷间避寒，白昼吃肉喝酒，夜晚高歌为乐。噶尔丹策凌攻打马场，有兵卒立即报告了查廪。可查廪不以为然，笑着说"鼠盗不久自散"，还是按兵不动。及至驼马被掳，查廪竟然吓得临阵脱逃，跑到总兵曹勷处求助。曹勷不知道准噶尔的兵来得很多，只带少数兵去追，吃了一个败仗。此时，总兵樊廷、张元佐等率队追击，经过七个昼夜的转战，只追回一半的驼马。

岳钟琪闻讯，星夜赶回西路军大营，正赶上纪成斌将查廪推向法场，他冷笑道："都说满人天下无敌，不过如此而已。"即将执行的前一刻，岳钟琪飞马赶到，他惊怒万分地向纪成斌说道："此举能够招到灭族之祸。这个江山归满人所有，我们身为汉臣，怎么能触怒满人？"随即下令把查廪放了。

雍正在接到奏报后慨然叹道：驼马损失大半，西路军失去了机动能力，一年之内断不能徒步进剿。故此，他心里非常懊恼轻信了噶尔丹策凌假请和的诡言，临大战而轻易调主帅离营，致使敌人有可乘之机。他把怒气撒在岳钟琪身上,批谕说岳钟琪的"十胜"之奏,"朕详细披阅,竟无一可采。岳钟琪以轻言长驱直入说,又为贼夷盗驼马,既耻且愤……"

经过科舍图马场一战,双方打了个平手。噶尔丹策凌意识到,西路清兵乃为甘川青汉军主力,武器精良,战斗力很强,岳钟琪是一个强劲的敌人。于是,噶尔丹策凌只留少数兵力牵制清军,将战争的重心向北路军转移。

每日凌晨三四点钟,天还没有亮,紫禁城内仍是星星点点的灯光。这时,军机处大臣张廷玉已经骑着马,进入紫禁城的木板房之内,他必须得把所有的问题在头脑中过滤一遍,比皇帝想得更全面、更长远、更深刻,雍正在七点钟召见他时,他才可能理解皇帝的意思。

军机总是在刹那间出现,刹那间消失。雍正有时每天要召见张廷玉十多次之多。自朝至暮,甚至夜深到十一点钟。此时,雍正正处于大病之中,御医跪请皇帝要静心调养,但雍正还是强打精神,改变对付噶尔丹策凌的整体战略。他要改造缓慢的内阁政务体系,让它灵活地应对西部战局的瞬息万变。明朝以来,内阁是处理国家政务的统帅机关,对于重大事件,内阁大学士们把自己对臣僚们题奏的处理意见,写在小纸票上,将这些纸票送皇帝裁定。而雍正设立的军机处则完全清除了这些繁文缛节,他的命令直接由张廷玉等人拟成文稿,再交雍正审阅后,即可发出。

雍正九年(1731年)正月,八百里加急书信,源源不断地从张廷玉的军机处,经过兵部的驿站,直接送达新疆阿勒泰地区的各个将军。雍正给靖边大将军傅尔丹传旨,再次部署了西、北两路军相互援助,夹击准噶尔的计划。雍正对此计划胸有成竹,此次西北两路夹攻,若不能使准噶尔部片甲不留,那只能证明将帅无能。

此前,西路军统帅岳钟琪曾到阿勒泰地区拜会北路军统帅傅尔丹,这位满族贵胄并不出迎,只是大大咧咧地待以客礼。岳钟琪在他的幕中看到,墙上悬挂陈列的都是精美兵器,于是客气地请教这位靖边大将军道:"大将军摆放这些,却是何意?"傅尔丹答道:"我天性就喜兵器,放一些兵器在此,可以立威。"岳钟琪离开后,忍不住对随从们一声叹息:"这位掌管满洲、蒙古兵马的大统帅,不倚靠谋略而倚靠武力,傅尔丹必败于准噶尔之手。"

不久以后,噶尔丹策凌派遣大策凌敦多布、小策凌敦多布领兵三万,进击清军北路军大营。这里,靖边大将军傅尔丹陆续拿获了准噶尔十多名俘虏,俘虏们天花乱坠的说辞,让傅尔丹心花怒放。他们说准噶尔汗国内已经四分五裂,以前投奔过去的罗布藏丹津的族人公开叛乱,大策凌敦多布因为生病,已经停驻在半路,小策凌敦多布的牧场,离傅尔丹的军营只有三日程途,仅有一千兵马看守,而且尚未立营防守。胜利似乎就在傅尔丹的眼前,而且伸手就能得到。听到这毫无可信度的说辞,副部统定寿、永国、海兰等部将轮番劝阻,傅尔丹还是飘飘然地调集人马,立刻出兵。

傅尔丹派出的四千前锋部队,毫无防备地进入包围圈。早已埋伏于山谷中的两万余准噶尔军,立即向清军发动攻势,顿时胡笳之声远近大作,准噶尔战士们如黑云蔽日般四面奔袭,把四千前锋部队紧紧包围在和通泊这个地方。听此消息,傅尔丹再派兵六千往援,但这时清军前锋部队已被击溃，准噶尔军已乘胜直冲傅尔丹的大营而来。傅尔丹急命索伦的蒙古兵摆出车阵防御，但岳钟琪精心准备的这个杀手锏，竟然也被准军轻易地攻破。清军将领常禄、巴赛、查弼纳、玛律萨、舒楞额等将领力战阵亡，海兰、定寿、岱豪、苏图、永国、玛律齐等将领兵败后自尽。傅尔丹统率的六万精锐部队，只剩下两千满洲残兵，护卫辎重，且战且走，逃回了科布多大本营。和通泊战役，北路清军的损失十分惨重，"副将军巴赛、查弼纳以下皆战死"，北路军彻底丧失了战略进攻的能力。

准噶尔兵大获全胜，他们唱着凯旋的胡歌，迅速返回到清军西路军的战场。此前，雍正得到消息说，噶尔丹策凌将倾国出动，以十万大军攻打清西路军的防守重镇——吐鲁番，这个声东击西的假情报羁绊住了岳钟琪支援北路军的脚步。

从雍正五年（1727年）开始，张廷玉最害怕听到的就是背后傅尔丹的脚步声。那时候，张廷玉以大学士身份掌管吏部、户部尚书时，雍正为了推行"满汉臣工均为一体"的风气，竟然不顾定制，命张廷玉行走在满族公爵傅尔丹的前面。

当年，张廷玉担任吏部侍郎的时候，得知某贵族的门人张某刁钻霸道，舞文弄法，人称"张老虎"，张廷玉毫不留情地将之重惩，即便朝中显贵多方营救，也不为所动，因此被人们称为"伏虎侍郎"。如今的张廷玉却高处不胜寒，领侍卫内大臣傅尔丹是开国功臣费英东的曾孙，因为傅尔丹是国之贵胄，张廷玉不敢越池于他，雍正却偏让张廷玉行走于前。故每次上朝的时候，张廷玉总会小心身形，害怕背后傅尔丹那双灼人的目光。

和通泊一战的惨败，张廷玉终于不必担心傅尔丹的脚步声了，他小心翼翼地坐热了首辅的位置。但此时，雍正却安排了另外一个人站在了他的前面。原云贵总督鄂尔泰成为大学士的新首辅、雍正御座之下的首席大臣。很快，这位新首辅便通过军机处对西北军机指手画脚起来。

军机处的发明反映了雍正的雄才大略、务实勤政，但它却扼杀了名将岳钟琪的战略智慧。在西路军中，部下们总能回忆起岳钟琪随机应变的智慧。早年在进军青海时，岳家军突然发现不远处有一群黄羊在戈壁滩上狂奔，似受到惊扰之状。岳钟琪断言：前面定有放卡贼人埋伏！遂命部队上马，做好战斗准备，并派小股人马向前搜索。不出所料，当清兵走出不到十里，路旁山沟里果有百十余名士兵埋伏，与搜索部队交火。岳钟琪命大军掩杀过去，没费吹灰之力便结束战斗。

军机处的设立，使圣旨的速度从三百里加急提升到八百里加急，雍正自此可以遥控整个西路战局。此时的西部战争已经不再像当年的青海之战，宁远大将军岳钟琪即便想调动三千兵马，也需要军机处发出调动的声音。但是，面对三千里之外的战场，雍正再有先见之明，也无法洞察一个瞬息万变的战场。

为了加强对西路军的控制，雍正命令都统伊礼布为西路副将军，带领八旗家选兵赴任，监视着岳钟琪的统兵行走之处；他再派鄂尔泰的爱将石云倬为西路军副将军，以分岳钟琪统兵之权。而就在岳钟琪出征之时，满人查郎阿署理了川陕总督之职，占领了岳钟琪的大本营，征西大将军岳钟琪的权力已经急剧地缩小。岳钟琪当然明了军机处中隐隐传来的杀机。当年,岳钟琪与鄂尔泰同为封疆大吏,最有希望出将入相,进入内阁。如今,首辅鄂尔泰一改从不弹劾朝臣的传统,而且必欲置岳钟琪于死地而后快。

雍正十年(1732年)二月,噶尔丹策凌派遣七千人马偷袭哈密,焚烧哈密驻地的粮草,同时抢夺驼马辎重。岳钟琪当即派遣总兵曹勷正面迎敌,又派副将军石云倬等将官赶赴南山口、梯子泉一带设伏,断敌退路,意欲围歼来犯之敌。

准噶尔部攻打哈密的七千人马被曹勷部正面击退,造成重大损失。但被派往断敌退路的石云倬不知何故,竟延迟一日发兵,当该部到达指定位置时,敌军已离开设伏地点,敌军休息时的点火灰烬还有余热。但石云倬没有挥师追击,致使敌军取道塔呼纳呼沿大道安然撤退。

事后,岳钟琪上疏弹劾石云倬、曹勷违令轻敌。雍正降旨,将石云倬、曹勷斩首示军。但是,鄂尔泰对岳钟琪本人的弹劾也很快送到了雍正案前,书中参劾他"专制边疆,智不能料敌,勇不能歼敌"。时隔不久,雍正下旨召岳钟琪离疆返京"商办军务"。

雍正十年(1732年)十月,岳钟琪怀着忐忑不安的心情,一路风尘赶到京城,而张广泗弹劾他的一份奏折又摆上了雍正的龙案。张广泗的奏折说:"准噶尔贼擅长骑马,沙漠、草原、山路正是他们进退奔突的优势,我军制敌必以马步兼用才可。但岳钟琪决意用车,致使北路军惨败。"

岳钟琪的噩梦还没有完。满人查郎阿替代了岳钟琪的职位,这位西路军新统帅在巡边之际,遇到了科舍图马场失利的罪魁祸首——查穈。恰巧，查郎阿是查穈的亲戚。被岳钟琪免去一死的查穈竟然恩将仇报，将马场一战的种种"不法事"扣到岳钟琪的头上。奏折再次传到雍正的龙案上，雍正阅罢大怒，将岳钟琪押进大狱，同时要他赔付被准噶尔兵抢掠去的驼马。

雍正十二年（1734年）十月，岳钟琪正翻阅《华严经》，整整两年过去了，他已经适应了这场漫长的等待。他不知道，以鄂尔泰为首的大学士奏请雍正，要将他立即处斩。当兵部"拟斩"的消息传到监狱时，岳钟琪正读完一卷经文，万象皆空，一切宛如大梦初醒。岳钟琪平静地写下一首诗："君恩生已负，臣罪死应当；但闻传露布，含笑赴黄壤。"或许，他即将赶赴与祖先岳飞一样被弹劾、冤杀的命运。什么满汉民族，什么"踏破贺兰山阙"的战功，他已经统统忘记。

此时，雍正把鄂尔泰等人拟的"钟琪斩决"的折子看了一遍又一遍，一时间竟不知道怎样处置这个王朝内头衔最高的武将。把他斩立决？岳钟琪总有青海之功。像傅尔丹一样手下留情，以后他还如何统摄群臣？雍正拿着朱笔，在奏折上改写为"斩监候"。他知道，雍正朝内绝不能再杀掉一个"岳飞"了。或许，不久前的光显寺之胜，使焦虑的雍正终于找到了心理的平衡。

时间回到几年前。雍正九年（1731年）的和通泊大捷，大大鼓舞了噶尔丹策凌。他召集诸图什墨尔召开会议，希望永远地驱走北路清军，控制喀尔喀蒙古。所有问题的关键就在于争取蒙古人最崇敬的喇嘛——哲卜尊丹巴呼图克图。会议作出以武力劫取哲卜尊丹巴呼图克图的行动计划：由勇敢善战的小策凌敦多布领兵三万，深入额尔德尼召，武力劫取哲卜尊丹巴。

雍正十年（1732年）六月，小策凌敦多布在喀喇额尔齐斯之北的奇喇山一带，奉命集结三万士兵，发兵喀尔喀。喀尔喀草原上最勇猛的酋长、成吉思汗的直系子孙额附策凌，率领不足一万清军，与准噶尔军队整整激战了两日，最终因为实力悬殊而撤离战场。

小策凌敦多布长驱直入，直赴喀尔喀腹地时才知道，哲卜尊丹巴呼图克图已被雍正转移。小策凌于是挥军攻破了额附策凌的部落，掳走了额附策凌的妻子儿女，驱赶着策凌部落的数万牛羊。雍正闻讯后，立即任命大学士玛律赛为抚远大将军，率数万精兵截断准噶尔军的归路。

额附策凌听说妻儿被掳，用锋利的刀刃割断头发与坐骑的马尾，他向苍天发誓，要与准噶尔军队决一死战。额附策凌以日行三百里的速度，在八月四日深夜追上准噶尔人，他们在深夜中，从山间小道绕入战场，在黎明前突然袭击了准噶尔大营。毫无警惕和准备的准噶尔军队，人不及弓，马不及甲，仓促迎战，额附策凌组织诸部乘胜连续攻击了十余次，准噶尔军队死伤近万人。

准噶尔人连战连退，而额附策凌则在草原上，寻找一个理想的决战之地。在光显寺，额附策凌终于为准噶尔人找到了一处葬身之地。此处左临山峦，右临大河，准噶尔人插翅难逃。额附策凌在准噶尔军之前到光显寺，他命八旗军在河南岸背水列阵，诸部蒙古军埋伏于河北岸，而自己所亲率的万人劲旅埋伏于山侧，此时，准噶尔的大军到了。

即使看到了背水一战的阵势，准噶尔军还是轻蔑地笑了：他们发现，他们面对的主力军团是满洲八旗军。在此前的战争中，准噶尔人发现满洲八旗军队早已不堪一战。准噶尔人勇敢地挥师前进，八旗军果然一触即溃，准噶尔军乘胜追杀时，额附策凌亲率的伏兵大起，喀尔喀人的旌旗瞬间遍布山谷间。这场战斗持续到天黑，准噶尔人积尸如山，河水尽赤。最终，他们抛遗马匹牛羊器械，连夜逃窜。

额附策凌早已通知清军统帅玛律赛，截断准噶尔人的去路，势必将准噶尔人全歼于此。但是，抚远大将军玛律赛却龟缩在扎克拜达里克城中。他拥有一万精兵，十多员良将，却不敢出城阻击。参赞大臣傅鼐甚至跪请出兵，玛律赛却始终不下令。这是满洲八旗创建以来最为尴尬的一幕：北路清军最精锐的部队守在扎克拜达里克的城头，眼看着准噶尔的败兵败将们缓慢西行，络绎不绝。

这是西北战场上的最后一场大战。雍正发现，西北战争之前，国库的帑银多达五六千万两，如今只剩下二千多万两。在扎克拜达里克城头，清军坐失了最好的战机，要等到二十年以后才可以收复旧土。此时，朝廷上下主战派与主和派再次争论，雍正询问扎克拜达里克城中最忠诚的大臣傅鼐，傅鼐叩头说："如果罢兵，此乃社稷之福也。"雍正沉默下来。不久以后，他下达了西部撤军的命令。

多年以后，老年的张廷玉为自己的职业生涯写了一篇长长的述职报告。在报告之中，他甚至写入了临时的差使，唯独没有提担任军机大臣的事情。他记忆深处的军机处，只不过是个活动的木板房，是一个临时的战争状态，是雍正与他对西部纷乱战场的分析地。他以为，这所谓的军机处，只不过是临时的战争指挥所，他根本不会

《和落霍澌之捷》

《平定伊犁》

想到，这个为战争而准备的军机处，将会持续到 20 世纪初叶，成为帝国处理各类政事的中枢。

  在喀尔喀草原的庆功酒宴上，蒙古人在为勇士额附策凌高歌："朔风高，天马号，追兵夜至天骄逃。雪山旁，黑河道，狭途杀贼如杀草。安得北斗为长弓，射落彗星入酒盅。"按照当时喀尔喀的观念：出现彗星就会有战乱。那些武器精良的满洲人，被准噶尔的残兵败将吓得屁滚尿流，勇士额附策凌指挥的光显寺一战，喀尔喀蒙古人只死伤十几人，杀死准噶尔人成千上万。

在朝臣们遗忘的死牢里，岳钟琪的心境又变得超然解脱，抱着一种看破红尘、无所谓生死的精神状态。因为"斩监候"的判决，只不过把颈上人头多留些时日罢了，生与死依然在皇上的一念之间。

岳钟琪经常能看到自己的部下进入牢狱，终于有一天，他看到了前抚远大将军傅尔丹被押入大牢。此时，纪成斌、总兵曹勷、抚远大将军玛律赛已在军前被斩杀。岳钟琪依然在监狱里以读《华严经》打发时日。这位骁勇善战的将军，已经过惯了战场生涯，看惯了法场残酷，他最大的理想就是回到成都的百花潭隐居起来，那里有一条浣花溪，他可以在浣花溪畔筑一间庐舍，看亭前花开花落，看空中云卷云舒……

乾隆即位后，乾隆二年（1737年），五十一岁的岳钟琪在经历了五年的牢狱监禁后，被释放，之后又过了十年的平民百姓生活，一直到乾隆十三年（1748年），国家因用兵大金川，战久无功时，这才重新起用了当年立下汗马功劳、现已被贬为平民的岳钟琪。乾隆皇帝决定重新起用岳钟琪，授其总兵衔，召其至军中，改授四川提督，赐孔雀翎。

六十二岁的岳钟琪老当益壮，不减当年，再现了二十多年前他平西藏定青海时的风采。后人有词赞曰："弭节金川，推诚款结，夜卷熊旗，晨探虎穴。"乾隆皇帝谕奖岳钟琪，加岳钟琪太子少保，复封三等公，赐号"威信"。

乾隆十五年（1750年），西藏珠尔墨特为乱，时年六十四岁的岳钟琪，奉命再出康定，会同总督策楞，将其讨平；两年后，又遣兵讨擒杂谷土司苍旺之乱。

再两年，乾隆十九年（1754年），重庆陈琨倡乱，岳钟琪以重庆地位重要，立即亲往捕治。平叛凯旋途中，将星陨落，病逝于资州途中，时年六十八岁。乾隆皇帝手谕褒勉，赐祭葬，谥岳钟琪"襄勤"。

第十三章

破尘禅师

刹那间，盘腿打坐的天慧禅师走了神。他一下子慌张地站了起来：雍正皇帝是真的会杀了我，还是对我的智慧加以考验？在紫禁城的这所禅房内，天慧禅师不免一阵焦灼：如果破不掉这道心魔，他自己掉脑袋事小，更重要的是他"救拔群迷"的宏愿将会就此终结。这位大师深深吸了一口气，迅速平复了心境，周身的浮躁渐渐地消退下去。他知道，雍正皇帝是位大禅师，他应该是帮助自己看破最后一道心魔。只是，想要捅破心里最后一层窗纸，到底应当如何着力呢？

这是雍正十一年（1733年）的一个宁静的白天。天慧透过窗棂向外看去，紫禁城的琉璃瓦在青天下闪耀着光芒。

在窗外的红尘之中，禅宗的发展已经流弊日炽，早期禅宗那种大破大立的气象已很难见到。在禅宗丛林中，一些无知的徒众，只得到了点宗师的唾涕，便专以呵佛骂祖为能事，几乎与市井无赖无异。更为可怕的是，还有许多以"教外别传"为名的胡作非为之徒。

明代中晚期，时人以"圣人满街走，贤人多如狗"来形容儒家的衰落。这种颓废之风也很快地吹进了禅宗之中。儒学大师王阳明理学一系的兴起,将禅宗"明心见性"的宗旨归入儒学的知见,以孔孟之教的良知良能作为禅宗开悟的极则。结果儒林之中,人人自认为圣人,士子敢于篡改四书五经;禅林之中,狂禅流荡,野狐遍地,禅宗的真精神几乎荡然无存。故时人改用"佛祖满街走,圣僧多如狗"来形容禅宗的衰弱。

当时,有一个名儒削发为僧,法号法藏,在江苏建一寺名为"三峰",又名"汉月"。他师从当世大德高僧密云禅师,又融合了王学末流,非常适合儒家士人的口味,一时间,有进士、举人功名的士子,纷纷归到法藏门下,尊称他为"汉月藏"或"三峰藏"禅师。

"汉月"一派的野狐禅学者众多,而且在儒林中传播很广。论及佛法,就拿出简简单单的"〇",作为法的本相,把禅宗的修行简化为平常着衣吃饭、即知即行等。师祖密云大师了解此风,发现这些禅学人士充其量只有"发烧友"的水准,距离禅和佛已愈行愈远,便写文章来批驳他们。没想到,"汉月藏"的弟子们谈禅外行,写书论战均属内行,他们一连写出《五宗救》《辟妄》《辟妄救》一系列著作,反驳师祖密云。

清军入关后,"汉月藏"的弟子越来越多,大量"反清复明"的读书人进入这个门派,有的以出家为僧作掩护,有的则以居士身份,住在禅林寺院,以其作为伺机而动的据点。明末有名的诗僧苍雪大师,就与"汉月藏"弟子和"反清复明"分子来往密切,以诗文交谊、不涉世务作为挡箭牌。像方以智、吕留良这样的前朝大儒也纷纷躲入佛门。

清宫廷画家绘《雍正帝行乐图》之十六

对此，雍正以禅师兼帝王的立场下令尽毁"汉月藏"一派著作，并命"汉月藏"的出家僧众，统统要重新改投临济宗的门下。雍正在威严管束的同时，也声称自己是个明眼禅师，天下如果有老和尚认为他的见地有错误，尽管进京找他面谈对错，他绝不以皇帝的权威压人，而是以出家衲僧的立场，与老和尚对问佛法。

六天前，天慧禅师面见雍正，还没等到他请安，雍正便开口了，而且是锋利的禅机："你既是国师的嫡嗣，还记得国师的宗旨吗？"

天慧禅师头上遍长癞痢，就随口道："我有癞痢头在。"

雍正听此，随手抄起宝剑，厉声追问道："我现在割掉你的癞痢头如何？"

天慧禅师见此威慑，惊恐万分，无言以对。

雍正厉声说道："君无戏言，宫中自有禅堂，限你七日内道出此语，若道不出来，必割却你这癫痢头。"

百年修得同船渡。天慧禅师的心静下来时，则会把他与雍正的此次见面之缘，体会得一清二楚。

天慧禅师十九岁出家，遍历禅席达三十年之久，后来投到灵鹫诚禅师的座下，自觉悟明心性。这时，紫禁城中传下圣旨，当朝雍正皇帝要亲自为玉林琇禅师选择合适的嗣法弟子。玉林琇禅师是顺治朝的国师，对顺治皇帝有着深远的影响。如今雍正在禅林中独树玉林琇一派，正是希望能够借此涤清禅林。

诸山大德一致认为天慧禅师可堪接法，也是苏州著名的高旻寺的住持人选。雍正在看过天慧禅师的偈语后，深为赞叹，但是认为天慧还有那么一层未捅破，犹如明月底下的一层薄纱。于是，雍正皇帝竟以紫禁城为寺院，以自己为度人的禅师，为天慧专设此关障。

在紫禁城的禅堂里，雍正特意用大锁锁住大门，并把棒喝天慧禅师的那把宝剑悬挂在了门口，派专人守候大门，每日只从视窗送天慧禅师一个包子吃。雍正还特意安排人每日在门口报时："已过一天、两天、三天、四天……"

起初，天慧禅师还能沉住气，整日打坐静心参禅。偶尔听到侍卫们大声地倒报时后，才发觉日子已如流水逝去，看着门口的尚方宝剑，他心急如焚。人的这身皮囊，存毁只在旦夕，到了第六天的晚上，天慧禅师实在是有点怕了，他焦急得在地上直跑圈圈，而越跑则越焦急。

到了后夜时分，他实在是身困力乏，欲倒床养息，头还未着枕头,忽闻三更钟声,天就快亮了……他惊得一伸头,头正撞在柱子上,撞得柱子作响。这一刹那,他豁然大悟,自见本真。

天慧禅师什么也不顾了,一脚便破门而出,在漆黑的紫禁城中直奔雍正的住处。他连门都来不及敲,再一脚踹开了宫门,把还未起床的雍正帝一把扯下了床。雍正从梦中惊醒,看着天慧禅师的表情哈哈大笑,连声说道:"恭喜禅师识得了国师宗旨。"

天慧禅师随即呈偈曰:"拳头不唤作拳头,换却时人眼里眸。一切圣贤如电拂,大千世界海中沤。"

雍正听了偈颂,知晓天慧禅师已经见性成佛,于是赐予他紫衣袈裟,让他住持江苏扬州一带的持磬、高旻、资福、崇福四寺。

雍正试探天慧禅师,就像德山禅师的"大棒"、临济禅师的"断喝"一样,已经成为禅宗一段著名的公案。而在苏州高旻寺等寺院的禅堂中,天慧禅师则把香板做成宝剑的形状,用来警策自己的门徒。后来的僧人效天慧禅师开悟之因缘,便创造了禅堂的跑香制度。自此,天慧禅师的法席盛极一时,禅风大震。

雍正十一年(1733年)以后,雍正试探过多位大德高僧,并把他们派到杭州的净慈寺、嵩山的少林寺等禅寺丛林担任住持。同时,雍正命督抚以下各官员多加照应,作为佛门的护法。经费或由地方财政的盈余中划拨,或募集功德所得,或由皇室支付,统报由雍正自行核定。

雍正十一年(1733年),雍正与几位大臣在圆明园九州清晏殿闲坐。曾自号为"圆明居士"的雍正以禅师的方式,不动声色地提出一个"话头":"历代佛祖中有一人超佛越祖,且道是哪一人?""澄怀居士"大学士张廷玉略微沉思了一下,答曰"佛","坦然居士"大学士鄂尔泰回答说是"无名氏","如心居士"多罗平郡王福彭的回答是"土块",而"爱月居士"庄亲王允禄的答案是"一手指天,一手指地,道不远人"。

雍正微微一笑,品味出几位大臣的禅宗三昧:张廷玉的答案最为粗浅,鄂尔泰、允禄的答案已入皮毛,只有福彭的答案最得禅宗的精髓。这一年春至夏,雍正在处理政务之暇,多次与内廷王公大臣探讨禅机、禅理。他一共问出一百个"话头"出来,让众位大臣参对。一时间,圆明园里,君臣成为古今禅侣。

一股焦煳的味道,一阵阵压抑而痛苦的呻吟声……就在雍正与大臣们乘兴答对的时候,天慧禅师则在寺院里主持着为僧人烧戒疤的仪式,他看到粗大的香火炙烧着每一位和尚的头顶,寺院里飘散着人皮的煳味。雍正在位的十三年中,为了缓和满汉之争的冲突,施行仁政,雍正曾经两次在夏天盛暑之际,命令清除刑狱,释放一部分罪犯。如罪犯诚心愿意忏悔改过,则准许入佛门出家修行。为了防止始终心存"反清复明"思想的人先以和尚的身份逃脱罪责,再蓄发还俗,继续从事反清复明之举,雍正吩咐他派往江南一带寺院的住持们,根据《法华经》等佛经的说法,在僧侣们身体最宝贵的头顶上"燃灯",以表志诚。

在烧疤仪式以后,天慧禅师会紧紧盯住每位僧人,尤其是年轻的小沙弥。如果小沙弥抵挡不了烧疤带来沉沉的睡意,躺下来睡着了,很可能造成头部肿胀,视力减弱,甚至失明。为帮助沙弥对抗睡意,天慧禅师允许这些年轻的小沙弥随意游走于寺庙的各个角落,可以窥见各色善男信女,利用天生的好奇心,帮助这些痛苦中的小沙弥保持清醒。

烧疤的戒律果然清净了禅林中的凡心,所有逃儒入禅的前明遗老和遗少们,在雍正这位自号"破尘禅师"的棒喝之下,几乎无立锥之地,无所逃于天地之间了。

雍正十一年(1733年),一个宁静的夏日,在圆明园的九州清晏殿里,张廷玉看着波光潋滟的水面,看得入神。

那湖面大致呈现出大清疆域的形状,九个岛屿象征着天下的九州,团团簇拥在明丽的湖面上,一派"一统九州,天下升平"的怡人气象。除了紫禁城外,这里是帝国的另外一个心脏,雍正每每在这里向天下发号施令,而经过了十一年孜孜不倦的勤政,雍正终于

《圆明园图咏册·九州清晏》

有空闲可以在这里谈玄论道。

从康熙五十二年（1713年）的大悟开始，一直到雍正十一年（1733年），在这漫长的二十年之中，雍正从没有涉及禅之一字。不过，雍正的为政为人，却总有禅机的影子相随。雍正即位之初，翰林院检讨孙嘉淦便上疏言事，要求雍正亲近兄弟、停止官场上的捐纳、罢黜西北的用兵。如果说停止花钱买官的捐纳尚可讨论，其余两件事却大大地触怒了圣意。翰林院检讨只不过是文学侍从之臣，孙嘉淦的官位只有七品，但是这个七品小官居然跳出来找皇上的碴，对雍正的大政方针指指点点。雍正不禁龙颜大怒，责问孙嘉淦的上司怎敢容纳此等狂生。在一旁，太子太傅朱轼只说了一句话："这个人虽然狂妄，但臣很佩服他的胆量。"

雍正瞪着眼睛看着朱轼，突然扑哧一笑说："便是朕，也不能不佩服他的胆量。"于是立即提升孙嘉淦为国子监司业。以后，孙嘉淦又不断提意见。意见虽不被采纳，他却步步高升。

雍正四年（1726年）年末，黄河有一次奇特的"澄清"景观。从雍正四年十二月上旬末开始，陕西、山西、河南、山东和江苏五省的河水渐清，次年年初仍可见到。得到"河清"的奏报之后，雍正喜不自胜地升迁了一大批官员，还命河道总督田文镜在江南清口竖立"御制黄河澄清碑"，刊刻《黄河澄清碑记》。中原人有句俗话"黄河清，圣人出"，雍正对此仍不满足。当蒙古王公请求诵经祈福、以庆祥瑞时，雍正对信奉佛教的蒙古王公说，若蒙古地区因做福事而人畜兴旺，是受他之赐。雍正进而不无狂妄地表示："朕亦即是释主。"

"九州"一片安宁，湖水波平浪静，这个小小的"神州天下"，似乎永恒太平。但是，张廷玉永远记得，雍正八年（1730年）八月十九日那一天，山河变色，"九州"战栗，大地撕裂，就在那一天，张廷玉看到了这位自信的帝王，有生以来最脆弱的一刻。

八月十九日上午，北京发生了一场六点五级的大地震，紫禁城各宫殿都遭到不同程度的破损，畅春园、圆明园以及附近的宫殿别墅几乎全部震毁，北京的死难者达到七万四千人。

地震发生的刹那间，雍正正在圆明园中。这里地面开裂，冒出烟雾，遍地黄水……大地剧烈的摇晃让他心神不定，他长跪在地，虔诚地祈祷上天。此时，在恐惧与战栗中，他总会想到刚刚去世三个月的弟弟允祥。他回忆起他教允祥学习算术的情景；回忆起青年时，允祥送他随着康熙出巡的情景：太阳西落，黑夜将允祥的身影吞噬……

他会无端地想雍正二年（1724年）的夏天，怡亲王允祥兴致勃勃对他说，京中有一个姓刘的道士，很有些名声，自称已活了几百岁，究竟有多大年纪，谁也无从知道。好奇之下，允祥派人找来了这个道士，刘道士大谈人的前生，并说怡亲王前生也是个道士。雍正听后大笑说："这是你和刘道士生前的缘法，但是我要问你，你是道士，我是和尚，你这个道士为什么为我这个和尚出力？"

允祥一时听不明白，雍正又笑着说："你我都不是什么真佛、真仙、真圣人，只不过有幸为利益众生而栽培福田。若做得不好，还不如回去做和尚、当道士。"如今想来，允祥是臣子，是道士，还是自己的弟弟？在雍正王朝中，只有允祥才对皇兄雍正帝极为了解，对

〔清〕冯照、蒋和绘《允祥像》轴。故宫博物院藏

允祥一生政务繁忙，如画中闲暇时光不多

如何为人、做官、处事到了近乎大彻大悟的境界。允祥一生节俭，从来不以地位隆崇而奢华。早在康熙的皇子时代，他就安分自守，以至家中显得空空荡荡。后来，他成为雍正最信赖的亲王大臣时，依然朴素节俭，以至年羹尧曾怀疑过允祥："怡亲王的住宅外表看来宏敞，内部装修却草率不堪，这种矫情违意之中，可能藏有夺位的野心。"

允祥为政鞠躬尽瘁，不遗余力地支持会考府、推行摊丁入亩、实行火耗归公等一系列政策。雍正即位之时，皇十七子允礼闻讯后

清人绘《允礼像》，
故宫博物院藏

曾疯狂地奔回府宅，雍正据此认为允礼是允禩党人，差他去河北遵化守陵。允祥却坚决举荐允礼，雍正乃逐渐发现允礼大方历练、临事通达，后晋果亲王，成为显赫的亲王大臣。在允祥的力劝下，雍正连用二十弟、二十一弟、二十二弟、二十三弟、二十四弟，这些亲兄弟在王朝的政坛上迅速崛起；允祥还重点推荐了李卫，李卫最终官至直隶总督。

在大地剧烈的摇晃稍稍停息时，雍正迅速从地上爬起来，奔向环绕九州清晏殿的后海，在那里登上一条船，这条小船代替了威仪万方的金銮宝殿。就在这条船上，雍正与张廷玉等人在一起，发出了成百上千条军机谕旨,指挥着改土归流、西北用兵等国家大事。当此消息传到邻国朝鲜,朝鲜国王英宗忍不住笑话起雍正来:"以万乘之尊,避地震设幕泛舟而居,举措可谓骇异矣!"

朝鲜的国王臣僚们进而浮想联翩,有的说"胡虏"无百年之运,堂堂皇宫中的皇极殿都颓压了一角,这明明是亡国之兆啊!"天人交感之事,实在呼吸相同,只以敬慎人事,勉力召感和气,以迎合上苍之垂佑。"

在这条小船上,雍正看到北京城的烟雾,他再次想到自己的弟弟允祥。几年前,他还得意扬扬地宣布:怡亲王敬诚事君,公忠体国,自古贤王,罕与伦比。雍正曾经留心观察,每次遇到允祥的生日、迁移府第等重大日期,天气必晴和爽朗,风和日暖。他一度深信,这是因为允祥纯一恪恭的人格,感动得上苍也眷顾于他。

此时,他会想到允祥吞吃自己陵寝泥土时的情景。雍正四年(1726年),雍正将自己陵寝选址的工程交给了允祥。允祥开始在遵化一带寻找吉地。允祥跋山涉水,披星戴月,仔细寻觅,直到第二年四月,终于在九凤朝阳山看中了一块陵地,雍正帝也点头同意。谁知开工后,发现穴中之土竟杂有砂石。

以后,允祥考察过东北皇太极的福陵,踏勘过房山县一带的吉地。经过精心勘察,在易县泰宁山太平峪找到一块上好陵地。这块地"实乾坤聚秀之区,为阴阳和会之所,龙穴砂水,无美不收,形势理气,诸吉咸备"。在漫长的勘测风水的过程中,允祥每次都往来审视,足迹踏遍数省。他害怕进出府宅烦扰百姓,每次都凌晨出府,至暮方归,星夜回家后才有时间吃一顿饭。雍正以允祥经营吉地居有首功为由，把易县万年吉地附近的一块"中吉"之地赐给允祥。

允祥听后竟然惊悚色变：这块地只有大富大贵之人能够享用，自己身为臣子，绝不能在属于帝后们的陵地上修建陵墓。为了打消皇兄的善意，允祥在河北涞水县找了一块平善之地作为墓址。雍正帝知道他铁了心，不得不同意他的请求。允祥得旨后竟然高兴得像孩子一样跳起来，连连说皇上对待自己隆恩异数。第二天，允祥便派护卫前往涞水县起土，护卫们呈回陵寝的土样时，允祥做出了一个惊人之举：他竟然取来一块泥土捧而吞之。

这位兄弟，是雍正人世间最大的眷恋，是"忠敬诚直勤慎廉明"俱全的臣子，是雍正王朝完美臣子的化身。可就在北京地震的这年五月，允祥病重，他为自己绘制了坟茔图一幅，告诉家属，修建他的坟茔，以图为准；死后的殡殓，只用常服，一切金玉珠宝之用，概不可用。病危之时，雍正坐着软轿火速赶往怡亲王府，当他赶到时，允祥已经溘然长逝。在怡亲王府中，雍正出钱为允祥设立仪式，祭神祈祷，并派去心腹大臣设立道场，昼夜祈福。

按照当年的刘道士所言，道士已去，和尚还会在人世间流连吗？允祥去世的一个月后，京城出现日食，雍正也一度病危。如果允祥的生，是上天给雍正的眷顾，那么他的死呢，是不是上天对他的惩罚呢？

日食意味着苍天的天谴，地震则表达出大地的愤怒，允祥去世则意味着爱新觉罗祖先的意志。一向迷信的雍正知道，他已经被天地先祖抛弃，天地神明随时随地会结束他的生命……

地震后的一天，雍正偷偷地召见了宋君荣、戴进贤等八位来自欧洲的传教士，问地震的起因、欧洲人如何看待地震、欧洲是否也有地震。在圆明园的那条船上，传教士们大说欧洲现代科技，根本没有注意到雍正的恐惧。雍正虚弱的身体正不断地战栗。不过，他必须竖起耳朵，尽力去理解欧洲人所说的地震波等概念，以便暂时摆脱那日夜折磨他的梦魇。

第十四章

圆明画境

早春二月，春寒料峭，草木还没有吐绿，虫豸仍在伏蛰，大地依然空旷。

此时，雍亲王胤禛已经与农家人一同忙碌起来。他们有的在浸种，有的赶着牛在耕地、耖田，他们深耕细耨、平整土地，只等种子出芽后撒下田。

当春风送暖、秧芽初发时，胤禛赶紧与农人们在平整好的土地上躬身撒种、弯腰布秧。

节气轮转，风和日丽，秧苗生长，当它们一片葱绿时，便到了繁忙的插秧季节。村中的男女老少齐出动，鸡啼头遍便出门。中午时分，孩子们便忙着给田间的人送去午饭。秧苗长，旁边的宿草也跟着生长，田间管理一点也不能省去。从早到晚，胤禛与农人们一遍又一遍锄草，必须保证田间杂草不留根。

这一年总是烈日炎炎，天旱无雨，胤禛与农人们忙着在田头抗旱。从早晨到初夜，他们轮番发动戽斗，转动水车，把河水引到稻田里。他回府时，已是脚痛腰酸。

皇天不负有心人，这一年正是大熟之年。经过这整整大半年的

清人绘《胤禛耕织图册·耕》页。故宫博物院藏

胤禛命画工以康熙年间刻版印《耕织图》为蓝本绘制。画中别出心裁地将农夫和农妇的形象换成自己与福晋的容貌,十分写实。胤禛亲笔题诗并钤"雍亲王宝""破尘居士"两印

努力,胤禛与村民们的辛劳努力总算换来了丰收。稻浪翻滚,处处稻香。他还要与村民们一道起早贪黑地挥镰收割,挥汗如雨地打谷,趁着天晴晾晒粮食,趁着风起一簸箕一簸箕地举高,扬去芒头秕谷。脱粒、筛谷、簸扬、舂米,最终把丰收的粮食入库收藏。他们庄严地祭礼了农神,感激这丰年的护佑。

春风秋雨,江南的这片山野间消耗着农人们的一生,苦也如斯,乐也如斯,却跃动着千年不变的诗意。

燕子如剪掠过微风,芃芃之麦绿意荡漾,与黄色的云朵接合处,是那茂密的树林。雍亲王胤禛年轻貌美的福晋——乌拉纳喇氏挎着一个大筐,装满了桑叶归来,家中的小小院落间,箔中的春蚕在一天天地生长。

力田晓有莩
打稻浮乳冬
警岁连秋色
先待初日浓
炊饪无间遽
饮啄日逗留
培菜伤盈重
拗植
　　　　　王

清人绘《胤禛耕织图册·持种》页。故宫博物院藏

当阳春三月、春桑吐绿时，乌拉纳喇氏便开始了一年的辛勤劳作。从采桑育蚕开始，浴蚕是养蚕的第一道工序——用温水洗蚕子，催促蚕子生长；四月里，蚕宝宝出生了，她要采桑喂蚕、日日繁忙。幼蚕三次蜕皮，一天天地长大。三眠后的蚕成长迅速，食量大涨，这也正是她最繁忙、最辛苦的时节，她要日夜守候在蚕房里，如同呵护婴儿一样，防着蚕饿着，防备老鼠偷吃，没有一刻的休闲，就连梳妆打扮的时间都没有。

照顾桑蚕，总像照顾怀抱的婴儿，一刻都不能分心。终于，一只只蠕动的桑蚕变成一个个蚕茧，雪白的蚕茧堆满了蚕床。

然而她更不能懈怠。她要缫丝、练丝，把雪白的丝线挂满庭院。蚕房刚刚安静下来，织房又热闹起来。她灵巧地把一根根蚕丝变成

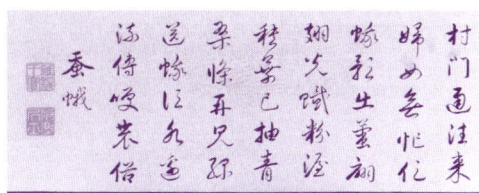

清人绘《胤禛耕织图册·蚕蛾》页。故宫博物院藏

雪白纤细的丝线。那些日日夜夜，伴随着织机的声响，一根根丝线织成一匹匹锦缎，经过染色、剪帛、裁衣，变成了一件件华丽的锦衣。

这些简朴的生活，正是胤禛描绘在五十二幅《耕织图》里的图画。

雍亲王与自己的妻儿就生活在这一幅幅画卷中。他成为一位普通的农夫，妻子则被画成蚕妇的形象。在这一幅幅画卷里，茅草为屋顶，树枝为荆门。在这种生活当中，雍亲王亲耕，福晋亲蚕。孩童们或放牧，或做饭……在农忙的时候，福晋牵着儿子的手，一同看着胤禛与农夫们辛苦地打谷……如是生活，如是平淡而又辛苦，攥在手中空空荡荡，细细品味却又充满幸福。

胤禛此时自名"破尘居士",他俨然已看破了世间人生的秘密,下定决心,与自己相爱的福晋与儿子,沉浸在这耕织生活中,走完这既辛苦又充实的一生。

清人绘《胤禛耕织图册·攀花》页。故宫博物院藏

但是,这男耕女织的恬然生活,仅仅是胤禛命画师创作的一幅幅画卷而已。这是他刻意模仿康熙帝《耕织图》的仿制品,是他揣度、讨好康熙而麻痹兄弟的把戏,是他为自己谋储而释放的烟幕!

在真实的康熙王朝里,在日下月影中的圆明园里,充满焦灼的胤禛,会长时间沉默地盯着这片园子南侧数百米外的畅春园,康熙帝每年约有一半的时间在园内居住,那是康熙王朝的中心,隐藏着王朝继承者扑朔不定的答案。

康熙四十八年(1709年)三月,允礽复立为皇太子,十月,胤禛被康熙帝晋封为雍亲王，并赐其圆明园中的宅府。胤禛立即离开了北京城内雍和宫，搬进邻近畅春园的圆明园。

他命画师把自己和福晋画入《耕织图》中，甚至把圆明园都绘入《耕织图》里，包括多稼轩、观稼轩、稻香亭、贵织山堂、祀蚕神等几幢简单的房子，专意表达对"淡泊宁静"志趣的向往与追求。

畅春园也好，圆明园也罢，本是明代外戚荒废的别墅。康熙帝常在畅春园丹陵沜的湖边游览散心，因为喜欢这片地区的清幽自然，于是改造废弃的野墅，依山傍水、依势而建，以园林接纳了这处山水。相对华贵的畅春园，圆明园还是普普通通的几进院落。

远离京城的深墙大院，来到郊区尚还简陋的圆明园，胤禛正韬光养晦：一方面，暗自培植亲信势力；另一方面，极力讨好父皇康熙。在"九州清晏"第一层正殿大门上方，端端正正地悬挂上康熙御赐的"圆明园"匾额，然后配以自己撰书的对联："每对青山绿水会心处，一丘一壑，总自大恩浩荡；常从霁月光风悦目时，一草一木，莫非帝德高深。"他苦心经营圆明园，除了随时准备接待和感恩父皇外，更重要的是表示长期住下，将自己置身在父皇的视线之内，让其了解。

从康熙四十八年到六十一年（1709—1722年），整整十三年里，在强敌"伺候"、父亲更是严厉戒备的争嫡暗潮中，胤禛住在父亲住处的里许之外，能听到那里的风，感受到那里的气氛，看到那里的人来人往。

这是康熙一朝最肃杀的时期，在政界所有明眼人目光的日夜扫视之下，每个微小的动作都躲不开那些政治老手的反复勘检。

他们会严厉地检测雍亲王的《耕织图》。因为康熙帝一生重视农耕，绘制了《御制耕织图》，并亲笔作序，为每幅画题诗。因此，夺嫡者们会满腹狐疑地想：在帝王观念中，"耕"与"织"被正式纳入国家礼制中，每年皇帝、皇后要举行"躬耕""亲蚕"仪式，以表示重农桑、知稼穑、固国本、体民艰。那么雍亲王与福晋同时入画，是否有觊觎帝位的念头？

不过，这些康熙王朝中最富政治智慧的老手，却没有猜出雍亲王的真正用意，而是用一种鄙夷的目光看着雍亲王的画卷，一改往日的做派：雍亲王正在与他的画师们，在圆明园里，精心地绘制着一些衣着华美、色彩艳丽的美人图卷，每一张图卷，竟然都有真人大小。

这些美人的画卷，一画就是十二幅。美人们形象各有差异，但其共同的特点却是鲜明的一致：一样的鸭蛋形脸，高挑的细眉，丹凤一样的眼睛，悬胆般的鼻子，樱桃小嘴，瘦削的美人肩，杨柳枝似的腰身……

这些画，就在他的深柳读书堂里。这十二幅巨大的美人图装在围屏上，高度超过两米，而总的宽度十四米。每张画像描绘了一位佳人，或在闺房里或于花园中，读书、品茶、刺绣、小憩，身边环绕着如古董、鲜花、外国钟表等讨人所喜的物件。

但是……即使最热闹拥挤的画面，总还有一种扑面而来的空虚和落寞。画面中的形象是典型的江南女子，那种病态的娇美和圆明园内孤独、单调的生活相衬，越发显出青春易逝、年华落寂的意味。

竹风飒飒振琅轩，玉骨凌凌耐峭寒。

把镜几回频拂拭，爱他长共月团栾。

晓寒庭院闭苍苔，妆镜无聊倚玉台。

怪底春山螺浅淡，画眉人却未归来。

每幅画上，胤禛亲笔写下诗歌，之后落款为"破尘居士"。圆明园里的侍从们都知道，那些图画被称为"美人图"。而胤禛所画的模特，仍然是乌拉纳喇氏。

但是，胤禛也好，乌拉纳喇氏也罢，没有把这画当成"破尘居士"的消遣，也无意当成爱情的信物，而是作为政治上的掩饰，掩藏着他们汹涌澎湃的心潮。

早在康熙三十年（1691年），康熙帝册封时年十四岁的乌拉纳喇氏为胤禛的嫡福晋。乌拉纳喇氏是内大臣费扬古的女儿，她的确有贵族女子的风雅，温和恭敬，谨慎谦和。两人同岁，总留下了一些青梅竹马的青涩记忆。那是一段真正无忧无虑的岁月，因此感情更加纯粹。康熙三十六年（1697年），她生下胤禛的长子弘晖。

她虽是胤禛的嫡福晋，却并不是第一位为胤禛生育子女的女人。在她之前，宋氏于康熙三十三年（1694年）为四阿哥生育了长女，康熙三十四年（1695年）李氏（弘时生母）为四阿哥生育了次女，可惜这些女儿都不幸夭折了。令嫡福晋心痛的是，康熙四十三年（1704年），嫡长子弘晖年仅八岁就病故了，从此，乌拉纳喇氏再未生育。

金屋人慵试晚妆，秋衣楚楚染秋光。
无聊闲数莲花遍，犹恐今宵更漏长。

懒去窥园出绣帏，秋芳相对独依依。
一声昼漏天将暮，花外檀郎犹未归。

在这五彩斑斓的彩屏之中，在低首蹙眉、绝代风华的美人中间，胤禛或用"破尘居士"，或用"壶中天"，或用"圆明主人"的署名，并且用董其昌书体写下风花雪月的情诗。

董其昌是前朝嘉靖、崇祯年间人士，著名的书画家、书画鉴藏家。他的书法被康熙帝玄烨酷爱，故其作品风行天下而为法。胤禛干脆将每首诗的诗尾款署"其昌"之名，并摹印绘了董其昌"知制诰日讲官""董其昌印"两方印章。而画中那些自鸣钟、怀表之类，恐怕终董其昌一生，做梦都不可能想见到。

"破红尘与世无争，寄情于美人醇酒。"在圆明园草创时期的几个简朴的院落间，筑有"春宜花、夏宜风、秋宜月、冬宜雪"的"四宜书屋"里，胤禛沉醉于参佛、作画，似乎这一生就如此无聊地消磨掉了。

不管怎么说，在激烈的皇位争夺中，胤禛的如是花招让志在夺嫡的众皇子放松了警惕，甚至瞒过了目光锐利的康熙。他们没有发现，在那些美人图中，女子手中紧握的钟表，时时刻刻地作响，藏住了那颗蹦跳的心。

在胤禛屏息凝神的等待之中,他不知道,在他的身边,有个人在费力地读着他写的诗,她绞尽脑汁,想理解这些诗里的内容。

> 手摘寒梅槛畔枝,新香细蕊上簪迟。
> 翠鬘梳就频临镜,只觉红颜减旧时。

这个渐渐懂得了爱情的人,便是年轻的格格钮祜禄氏。

钮祜禄,满语"狼"的意思。狼是满族先世女真的图腾之一,女真人出于对"狼"的崇拜,而以其为姓氏。钮祜禄氏的曾祖父额亦都是大清王朝的开国大臣之一,参加了讨伐尼堪外兰、攻取色克济城、击败叶赫九部联军等重大战役,可谓身经百战、累立战功,先后被授一等大臣、总兵官等。

额亦都的儿子是遏必隆,他与康熙朝的鳌拜、索尼、苏克萨哈同列四大辅臣。遏必隆一生没有自己的主见,立场不坚定,但是他的官运最长,随着其他三大辅臣离世,他更是成了百官之首。到了儿子钮祜禄·凌柱,仅仅是个四品的典仪官。

对于年轻的钮祜禄氏来讲,十三岁即入选为秀女,是一个幸运的经历。紫禁城每三年选一次秀女,入选的都是满洲八旗女子。各旗每年将本旗内年轻女子造册上报。行选每每都在夜间,各旗的参领、领催负责将候选的女子送上专车,运往宫城北面的神武门,在内监的引领下,在顺贞门外等候挑选。挑选工作由太监首领主持,秀女们五人一组,领到太监跟前,排开站立,由太监细细审视。初选通过的女子要入宫进行复选,复选时试以绣锦、执帚等一应技艺,并观其仪容形态。

康熙四十三年(1704年),钮祜禄氏作为秀女入胤禛的贝勒府时,称号是"格格"。"格格"是对皇帝、贝勒、亲王的女儿的正式称号,而在非正式语境中,"格格"只是用来称呼地位比较尊贵的女性,或者亲王的品级较低的妾。

钮祜禄格格……只不过是一种含糊、体面却总带着某些"另类"的称呼。钮祜禄氏从一进府开始,就没有受到太多的关注。府中早有嫡福晋乌拉纳喇氏,有侧福晋和庶福晋数位,还有比她早进府的格格和侍妾们。

直到有一次,胤禛患上了极具传染性的重症,钮祜禄格格才在生死线上,完整地得到了胤禛的喜爱。

清宫廷画家绘《圆明园图咏册·四宜书屋》摹本

那是康熙四十九年（1710年），他们刚刚搬入圆明园，胤禛便染上了时疫，病情十分严重。这种时疫不仅极具传染性，而且致命。胤禛染上重疾之后，园子里的人或直接、或委婉地躲着他。乌拉纳喇氏令年纪轻轻的钮祜禄格格贴身照顾。钮祜禄格格似乎相信自己的"幸运"，面对病重的胤禛，她并不感到害怕，依然为亲王煎汤熬药，守望床侧，十分殷勤周到。

那是朝夕相处的两个月。钮祜禄氏与贵为亲王的胤禛共处一室。在钮祜禄氏无微不至的照顾下，胤禛终于摆脱了时疫，身体逐渐复原。恢复健康的胤禛开始关注这位原本毫不起眼的钮祜禄格格，并开始对她宠爱起来。

也就是在这段时间，钮祜禄氏和胤禛有了夫妻之实。她幸运地怀孕了。

康熙五十年（1711年），钮祜禄氏进入贝勒府七年后，生下胤禛的第四个儿子，雍亲王为其取名弘历。刚生下弘历的钮祜禄氏并没有想到，这个儿子会为自己的人生带来那么大的转变，会让自己成为世界上最有福的女人之一。

疏竹娟娟倚槛斜，伴人清兴案头花。

检书怕睹鸳鸯字，手执时钟叹岁华。

钮祜禄氏总在喜气洋洋地等待着胤禛来看望自己，却不知好景瞬间即逝。康熙五十年（1711年），除了弘历降生这件大事以外，还有一件重要的事情发生了，年氏进入了亲王府。

钮祜禄氏那一度备受宠爱的幸福，戛然而止……

年氏进府，在很大程度上是一种政治联姻。

按照清廷规定，每位皇子到一定的年龄都可以得到一个佐领作为他的仆从。康熙四十二年（1703年），四阿哥胤禛便得到了年氏家族的佐领作为下人。那一年，皇太子的叔外公索额图被皇帝幽禁，四阿哥已经感觉到了皇太子遇到了麻烦。一旦太子被废，他本人谋求皇储的机会就到了。

年氏家族成为胤禛颇为关注的一股力量，年遐龄在康熙三十年（1691年）以后步入官场，任湖广巡抚，他的两个儿子年希尧、年羹尧都是难得的人才，尤其是年羹尧，绝对是个出将拜相的人物，是今后能够用得着的人。年家被拨到四阿哥门下后，整个家族自然同四阿哥的沉浮连到了一起。碰巧，年遐龄还有个待字闺中的女儿，雍亲王有心，年家父子也有意，于是，年遐龄之女就成了四阿哥的侧福晋。

虽然年氏的入府带了政治的意味，但是年氏在入府之后的数年中，因为"秉性柔嘉，持躬淑慎"而备受胤禛的喜爱。她嫁给胤禛之后，先后生下了第七子福宜、第八子福惠、第九子福沛和胤禛的第四个女儿。

年妃的这段生育时期，正是胤禛为谋储位活动最频繁、最紧张的时期，也是政治风险最高的时期。在这么一个敏感的时期，年妃接连生育三子一女，可见胤禛对年妃的信任，以及两人之间的深厚感情。

在此期间，胤禛也没有别的妻妾生下任何的儿子或者女儿，可见在年氏入府后受到了胤禛的专宠。

> 晓妆鬓扦碧瑶簪，多少情怀倩竹吟。
> 风调每怜谁解会，分明对面有知心。

钮祜禄氏读着那美人图上的诗，愈加理解那呛人的孤独感。

院落静了下来，再没有胤禛的召唤。钮祜禄氏这才真实地发现，自己所有的生活空间只是这片小小的院落，每日所看到的都是同一片天空，同一样的景色，生活单调乏味。

这位年方十九岁的母亲，会一次次自卑地照着镜子。从面相上看，她绝对算不上漂亮与可爱：长方脸，地角方圆，鼻肥、嘴阔、唇厚、耳垂肥大，体态则属健壮类型。无论是出身名门的乌拉纳喇氏，还是出身贵门之后的年氏，抑或是与大户人家的女子相比，她似乎无比普通，甚至显得有点寒碜。而胤禛喜欢的，则是鸭蛋脸、细眉高挑、丹凤眼、悬胆鼻、樱桃小口……

钮祜禄氏自有自己的幸运。因为她生了一个好儿子，而同一个品级的侍妾，有没有儿子，所受到的待遇有着很大的差别；因为这个儿子，她在府里更加受到重视，日子也过得还算滋润。

弘历自幼聪明，五岁就学，过目成诵，给钮祜禄氏带来了极大的安慰。在康熙六十年（1721年）的一天，康熙帝第一次见到了十岁的弘历。已是体弱年衰的康熙对这个聪慧的孩子极其喜爱。自那之后，弘历就被康熙接到宫中，亲自教授课程。康熙有几十个儿子，孙子更是数不清，日理万机的康熙只对其中几个孙子有点印象，弘历能够得到康熙如此重视，是孙子辈中罕有的待遇。

这一年，康熙帝到热河避暑山庄休养，安排弘历住在皇帝寝宫旁边的宫殿，这是皇子都不曾享受到过的待遇。因为弘历，康熙曾不止一次在钮祜禄氏面前称她为"有福之人"。

母凭子贵，在弘历得到恩宠之后，连着胤禛在康熙面前也很有面子。康熙和胤禛父子之间的感情日益变深，胤禛对于这位格格则有了一份小心翼翼的眷顾——只不过，与宠爱无关。子女多夭折，胤禛的这份呵护，更有画卷中美人紧握钟表的那份紧张与焦虑。

自负天生倾国姿，小窗寂寞度佳时。
岂无世上风流子，一点芳心未许知。

此时，钮祜禄氏看清了胤禛的爱情……这与男欢女爱的炽恋没有一点儿关系，只不过是他的自怨自艾而已。她会回想到，当时在圆明园之中，胤禛与画师们一同构思这幅围屏时的情景。

在那些寂寥的日子里，胤禛会坐在高大的美人画屏中间读书、写作。在那些华丽"美人"的陪伴下，在那些焦灼如同热蚁附身的等待中，在那一次次失望与绝望的打探之中，胤禛会愈来愈明白——等待皇权，与千古佳人幻想着一场爱情如此的相似。

1723年，胤禛即位，是为雍正皇帝。

雍正带着他的后宫佳丽，搬入了紫禁城的养心殿。康熙帝住的是乾清宫，雍正则选择了养心殿，除了尽可能减少甚至脱离先帝生前经常活动的地方外，还出于安全保卫和便于接见臣僚的考虑。

在紫禁城中，这是一处既高扬又低调，既明显又逼仄的地方。出乾清宫西面月华门，正对着养心殿东墙遵义门，然后是养心殿正门养心门。养心殿的南面是隆宗门，隆宗门内有军机处，隆宗门外有内务府值房。

养心殿是紫禁城大内的宫中置宫、墙内置墙的地方，既为雍正理政提供了方便，又为其住地提供了安全再安全的双保险。这里四通八达，宛如蛛网正中联结各处，却又重重叠叠，正如雍正遮挡得让人猜不透的内心。

离开了风清舒爽、朴素怡人的圆明园，雍正帝的后妃们居住在这片森严而华贵的后宫中。雍正帝办公的养心殿北墙内，即雍正帝寝宫。寝宫东侧体顺堂，为皇后乌拉纳喇氏所居。西侧燕禧堂，为皇贵妃所居。养心殿外墙内侧的东西两边，各有东西庑房十几间，为雍正帝的嫔妃所居。

她们离雍正帝如此之近，只隔数道门即可到达，甚至能听到殿内的喧嚣；却又如此遥远，如同紫禁城那森严的红墙分割出的四角天空。每到夜晚那令人紧张的时候，她们似乎能听到太监请雍正帝选定由谁侍御的声音。

雍正帝有皇后乌拉纳喇氏、年贵妃、齐妃李氏、熹妃钮祜禄氏、裕嫔耿氏、懋嫔宋氏、谦嫔刘氏、宁嫔武氏，共八位妃嫔。这时的钮祜禄氏终于脱掉了那意思含糊的"格格"名号，被册封为熹妃。

有一度，妃嫔们翻看雍正亲笔所著的《大义觉迷录》，曾对一句话反复揣测："自幼性情不好色欲，即位以后宫人甚少。朕常自谓：天下人不好色未有如朕者……"钮祜禄氏知道，雍正最宠爱的仍是年妃，偶尔还有李氏，或许还会喜欢能陪他喝一点小酒的耿氏。

她亲眼看到年妃的地位一天天变化。她在所有妃嫔中年龄最小，却已被皇帝宠上了天，地位仅次于皇后，被封为贵妃。就连入府比她早，年龄比她大的侧福晋李氏，也只封了齐妃。

不过，年氏得到了爱情，却从没有得到钮祜禄氏的好运……

康熙五十六年（1717年）五月，年氏所生的第四女殇了。这让她初步尝到了丧女之痛。接着，康熙五十九年（1720年）所生雍正第七子福宜，本来寄予很大希望的皇子，却在半年后的康熙六十年（1721年）正月也殇了。这个儿子的病逝，让年氏再次尝到了丧子之痛，这次的痛苦超过第一次。

很快，与胤禛浓厚的感情，让她再次怀孕。但是天生不巧，此次感情结晶之时，正赶上了康熙帝的大葬。

康熙帝崩逝以后，雍正帝作为嗣皇帝，一直是这样哭着过来的。

小殓时，雍正帝大声号哭，而且捶胸顿足。为康熙帝穿寿衣的时候，雍正帝竟然哭昏过去，倒在了地上；大殓时，雍正帝不仅痛哭失声，而且无数次地捶胸顿足；棺椁移到景山观德殿停灵时，雍正呼抢擗踊，痛哭尽哀；当棺椁到达景山时，雍正帝的哭声惊动了大街小巷；大葬之时，雍正帝号泣不止，哭声震动整个树林。

大丧期间，正是年氏即将生产之时，无休止的行礼、磕头，使得分娩在即的年氏苦不堪言，终于不慎动了胎气，导致难产。生于雍正元年（1723年）五月初十的雍正第九子福沛，降生时就是一个死胎。年氏的心绪和身体一样，开始走下坡路。

从雍正二年（1724年）以来，雍正帝要杀年羹尧的心思愈来愈露骨，步子也愈来愈快，甚至就连当地的民谣都可以成为向年羹尧发难的借口。雍正三年（1725年）三月，雍正公开罪责年羹尧。身处皇宫的年贵妃已经感到，最可怕的后果在一步步逼向自己，在忧虑、困惑、惶恐的笼罩下，她终于积郁成疾。

她病重的消息传来时，雍正正在为祭天而进行斋戒。听到病危消息，雍正不顾祭天之礼，下旨将年贵妃"特封为皇贵妃"，并表彰她"秉性柔嘉，持躬淑慎，朕在藩邸时，她事朕克尽敬慎，在皇后面前小心恭慎；朕即位后，贵妃于皇考、皇妣大事悉皆尽心，力疾尽礼，实能赞襄内政"。

雍正三年（1725年）十一月初八日，因为祭奠康熙去世三周年，雍正帝赶赴河北遵化。十八日，郊祭刚一结束，皇帝便停免了次日太和殿百官朝贺，马不停蹄地赶回圆明园中。接下来的五日，素来勤政的雍正皇帝停下了工作，陪伴弥留时刻的年氏。

脂红粉白为谁妍，欲向妆台赋浑天。
想是团圆天亦爱，佳期何日与人圆。

"想是团圆天亦爱"。他们会回忆起那张"美人图"，美人的手中拿着一台铜鎏金制造的浑天仪，年轻的时候他们会说起，那浑天仪的构造，是由几个同心圆环交合组成，用以模仿天体运行，代表了天意喜欢圆满。如今，他们希望的"团圆"，大概要在另一个世界了。

皇贵妃的册封礼还未举行,年氏薨逝。雍正为她举行了盛大的丧仪:皇帝辍朝五日;大内以下宗室以上十日内全部素服,不祭神,所生皇子摘冠缨截发辫成服,二十七日除服,百日剃头;皇贵妃宫中女子内监皆剪发截发辫成服,姻戚人等成服,皆大祭日除服,百日剃头;特简王公大臣办理丧仪,奏遣近支王公七人、内务府总管一人、散秩大臣三人、侍卫九十人成服,大祭日除服剃头;尚茶、尚膳人等成服,皆大祭日除服,百日剃头;内府三旗佐领内管领下官员男妇,以三分之一成服,大祭日除服剃头;执事内管领下人员,大祭日除服,百日剃头;皆停止截发辫剪发……在这肃穆的吊唁日子里,年羹尧不被人注意地被赐自尽了。

雍正破例为年氏送上谥号:敦肃皇贵妃。他在遗嘱中写道,要使年皇贵妃从葬于泰陵,开了有清以来皇贵妃和皇帝皇后合葬的先例。

年氏去世时,他们还剩下最后一个孩子活在世上——生于康熙六十年(1721年)的福惠,论齿排序,福惠亦被称为八阿哥。

八阿哥自幼得到雍正的钟爱。雍正先是夺了允祉世子弘晟的名字,可随后觉得这名字不够好,放弃了。后来,他又朱谕书作"福惠",总幻想着用个更好听的名字把他挽留在这个世界。

雍正五年(1727年),雍正便将一位地位较高、办事得力的佐领配给八阿哥。这时,福惠才七岁,雍正就忙着给他分配属下了。那一年,福惠生病,雍正到处为他延医,因为朝鲜医官吴知哲医治福惠有功,所以开恩免去朝鲜相关贡奉,并且开口向朝鲜索要人参以挽救儿子生命。

雍正六年（1728年）六月，《古今图书集成》告竣，雍正将其赏赐给诸弟、皇子和群臣，集成绵纸书一共十九部，而竹纸书四十五部，福惠是皇子中唯一得到一部绵纸书的，而弘历和弘昼仅得一部竹纸书。

然而，无论多少宠爱、福泽加身，那年的重阳节，福惠还是夭折了。雍正将他以亲王的大礼进行殡葬，伤痛几至失控，而机灵的大臣甚至建议给这个八岁的孩子上谥号。后来，乾隆登极之后，追封福惠为亲王，谥曰怀。乾隆在追封上谕中有点妒忌地承认："朕弟八阿哥素为皇考所钟爱，当日曾以亲王礼殡……"

年氏所生的三个皇子，福宜、福沛、福惠，他们的名字中都有一个"福"字，雍正帝都很喜爱，并寄予很大的希望。可惜，他们和年氏一样，都是无福之人。

雍正八年（1730年），雍正帝大病，从五月开始，他开始安排自己的后事：他把当年孝庄太后的数珠一盘收着，把康熙恩赐的数珠一盘收着，与允祥留下的玻璃鼻烟壶与自鸣钟一道收藏在养心殿内的僻静处。五月十五日那天，他心血来潮，又让人将《日课经忏》一部交与自鸣钟处收贮，三天后，又把一枚古钱交与自鸣钟处收贮，等待着死后带入棺椁。

在他有条不紊地安排自己的死亡之时，反倒是乌拉纳喇氏走到了他的前面。雍正九年（1731年）九月二十九日，跟随着胤禛一生的皇后乌拉纳喇氏病笃。

乌拉纳喇氏温柔贤淑，经常提醒雍正，让他潜心静志，戒骄戒躁。在康熙末年争夺皇位的党派斗争中，正是乌拉纳喇氏一直陪伴在胤禛的左右，可以说他们是患难夫妻，情深意笃。胤禛登极以后，乌拉纳喇氏由福晋随即变成了皇后。每年皇帝、皇后要举行"亲耕""亲蚕"仪式，以表示重农桑、知稼穑、固国本、体民艰，"亲蚕"的仪式是她分内的事。

在雍正登极之初，王朝处于四分五裂之时，雍正放掉了宫内所养的全部珍禽异兽，也放走了前朝的热闹。雍正五年（1727年）后，杀机四伏的情势有些改观时，雍正的闲情没有用到后宫之中，反而用到了养狗、收藏鼻烟壶等琐碎的情趣中。他对那些小宠物曾搜肠刮肚，给它们起极响亮的名字，诸如虎头狗、麒麟狗、虎皮狗、猪皮狗、豹皮狗、造化狗、百福狗，等等；对狗的装饰，雍正也可谓绞尽脑汁，为"造化狗"备有仿丝做的虎套头，为"百福狗"做了一件仿丝软里麒麟套头……

乌拉纳喇氏深知雍正公务繁忙，对他生活上的爱好无不满足。他们时而重返圆明园，那里正持续地大兴土木，一向节俭的雍正，对圆明园极为钟情，修建了正大光明殿、勤政殿、六部、军机房……即使如此，乌拉纳喇氏也绝想不到，这场似乎永无休止的营造一直持续到一百多年后的鸦片战争。在紫禁城内，乌拉纳喇氏有时会陪着雍正一起在园林间漫步，观赏花草。在掌管六宫时，乌拉纳喇氏和嫔妃、宫娥之间关系也很好，无论是在藩邸的年月还是被封为皇后以后，她始终如一。在雍正大病之时，她甚至安排一些后妃入宫。她特意允许几位"格格"入宫，或许希望再有格格照顾时，能给雍正带来"钮祜禄氏式"的好运……

当乌拉纳喇氏弥留之际，随从们手脚麻利地把皇后从圆明园移到了南侧的畅春园，准备安排后事。雍正亲往畅春园，对她进行了最后的探望，被人催了又催，最后才返回紫禁城。

当天下午，皇后病逝。

雍正刚刚大病初愈，身体虚弱，却想要亲临合殓。乌拉纳喇氏操劳一生，雍正总不忍让她空口而去，希望亲手给她喂上最后一口东西，以免做饿死鬼。大臣们怕他触景增悲，更惧怕死者在压舌的时候，把晦气喷到主人身上，于是纷纷谏止。

畅春园的九经三事殿（康熙帝处理政务和生活的地方），成为皇后的停棺场所，雍正派人日夜奠祭。过了头七，又把皇后棺椁移到田村殡宫。雍正帝亲上谥号曰"孝敬皇后"，让她的棺椁与年贵妃的一道，等待着与自己的合葬。

雍正十年（1732年）八月二十二日，在乌拉纳喇氏的周年忌日即将到来的时候，圆明园里深柳读书堂围屏上的十二幅美人图被拆下来，小心地收藏起来。

十二幅美人图曾经入藏雍和宫后佛楼金塔，与雍正皇帝的圣容一同接受僧侣们的敬奉和后世帝王的顶礼膜拜。

那些想象中的风花雪月，也一并抹去，全部进入了彼岸世界。

雍正十三年（1735年）八月二十三日子时，雍正帝驾崩。

两个时辰之后，弘历进入皇宫紫禁城，内侍将雍正缄藏于乾清宫"正大光明"匾后的密旨封函恭恭敬敬地取下，随后向朝中重臣宣布——

> 宝亲王皇四子弘历秉性仁慈，居心孝友。圣祖仁皇帝于诸孙之中最为钟爱，抚养宫中，恩逾常格。雍正元年八月间，朕于乾清宫召诸王满汉大臣入见，面谕以建储一事。亲书谕旨，加以密封，藏于乾清宫最高处，即立弘历为皇太子之旨也。其仍封亲王者，盖令备位藩封，谙习政事，以增广识见。今既遭大事，着继朕登极，即皇帝位。

谕旨中，虽然没提钮祜禄氏，却总能隐约地看到她的影子。根据雍正帝遗命，母以子为贵，封熹贵妃为皇太后，居慈宁宫。

乾隆元年（1736年）九月初四，负责清西陵泰陵工程的恒亲王弘旺、内大臣户部尚书海望等人向乾隆帝奏请，在泰陵地宫内，是否为现今的皇太后——钮祜禄氏预留出棺椁位置。事关重大，乾隆帝奏请皇太后定夺。

经过了三十二年的等待，钮祜禄氏早已不是那位忐忑不安、等待宠幸的格格。她用皇太后的身份庄重宣布，她百年后，决不与雍正帝合葬在一起。她特降懿旨："世宗宪皇帝奉安地宫之后，以永远肃静为是。若将来复行开动，揆以尊卑之义，于心实有未安。"

好个卑不动尊！乾隆二年（1737年），乾隆帝遵照皇太后的本意，为自己生母选择了吉地，营建了一座占地五十六亩、附带敬佛楼的泰东陵。

一生不争不闹、逆来顺受的钮祜禄氏，终于在雍正尸骨未寒之时，用一个冠冕堂皇的理由逃离了雍正。与其说她要倾吐深埋三十二年孤独的怨气，不如说是她对"生当同屋，死当同穴"的逃离。

在守孝的三年中，弘历体贴母后，允许皇后富察氏、娴妃乌拉纳喇氏、贵妃魏传氏来慈宁宫，陪着她打牌玩。

在单调而繁华的消磨当中，在众多年轻王妃殷勤的簇拥下，钮祜禄氏会无端地想起青年时代的梦中情人——胤禛，想到那十二幅美人图中的梦境：在《捻珠观猫》中，王妃的发髻上装饰着一枝娇柔粉嫩的花朵，映衬着她同样细腻红润的皮肤，而两只猫仔趴身于

清宫廷画家绘《雍亲王题书堂深居图屏·捻珠观猫》轴。故宫博物院藏

清宫廷画家绘《雍亲王题书堂深居图屏·倚榻观鹊》轴。故宫博物院藏

清宫廷画家绘《雍亲王题书堂深居图屏·立持如意》轴。故宫博物院藏

月洞门处,在右侧体型稍小的猫俯身并轻轻举起前爪,目光似乎有些挑逗地打在靠近它左侧的大猫上;想到在《倚榻观鹊》中,两只喜鹊栖息在竹枝上,右侧的一只尾巴高翘,眼神盯着左侧的伴侣;在《立持如意》这幅画面中,美人更是置身于爬满花朵的竹篱旁。

那曾经是她处于单相思中的梦幻生活。不过,康熙时期一个福晋最奢华的梦想,与乾隆时期的皇太后生活差得太多。

乾隆帝一生对母亲钮祜禄氏敬重有加,将其视为一国之母。乾隆帝三次南巡、三次东巡、三次巡幸五台山、一次巡幸中州,以及谒东陵、猎木兰等活动，皆携太后一同出行。钮祜禄氏的寿辰、万寿节等庆典，一次比一次隆重。每次寿典所进寿礼，更是不计其数，先进皇上亲制的诗文、书画，再进如意、佛像、金玉等各类珍宝，应有尽有。

在紫禁城的后宫之中，那些还没来得及被宠幸的女子，将永远绝望地在宫中等待着死亡。其中有七位女子，虽然葬在泰陵的后妃陵园内，她们的名字，史书都没有记载，钮祜禄氏也渐渐全然忘记她们是谁了。

在紫禁城的一处角落收藏的那幅《耕织图》中，胤禛与乌拉纳喇氏仍永恒地奔波劳碌，在江南的村落中耕作、织蚕，而在乾隆帝命人绘制的《崇庆皇太后万寿庆典图》中，绘制了钮祜禄氏六十岁生日的场面，成为康乾盛世中最热闹的场景之一。

这幅长百余米的画卷，从万寿山昆明湖东宫门外起，一直画到了紫禁城内的寿安宫。这里有为贺寿而来的域外国家的使臣，有马术表演队及抛球、耍刀、踢毽、打花鼓的童子们，有大批官员簇拥着皇太后，岸边有戏台、乐队表演以及跪迎的平民百姓，有河东河道总督顾琮搭建的西洋顶戏台，有江苏巡抚王师、江西巡抚舒辂、安徽巡抚张师载献上的一个巨大的蟠桃。

每逢太后生辰万寿之日，乾隆帝必率王公大臣行礼庆贺。六十庆典，七十庆典，八十庆典，一次比一次隆重。在她回宫所经的十几里路上，张灯结彩，几十步搭一个戏台，南腔北调，名伶毕集，轮番演出。以彩绢做高山，锡箔做海湖。特别是八十大寿，一个寿桃竟有几间屋子那么大。乾隆知道母亲喜欢江南风光，特地在万寿寺旁仿造了几里路长的"苏州街",奉迎母亲穿行于其间。

乾隆四十二年(1777年)正月初八,乾隆帝陪伴皇太后钮祜禄氏前往圆明园休养,那时,她已经八十六岁高龄,而乾隆帝也已经六十七岁了,众多子孙承欢膝下。乾隆帝陪侍皇太后赏灯后作诗:"家宴观灯例节前,清晖阁里列长筵。申祺介寿那崇信,宝炬瑶槃总斗妍。五世曾元胥绕侍,高年母子益相怜。扶掖软榻平升座,步履虽康养合然。"

"高年母子益相怜。"年龄越大,钮祜禄氏越感到此生的不易。在富贵奢侈得无以复加的生日宴会上,母子俩有些悲哀地发现,在四五代子孙的簇拥下,他们显得那样衰老,甚至无力。皇帝那些乖巧的下人们聚在一起,谈论皇太后九十岁大寿时如何办得更加豪华。谁知,没过几天,皇太后便感觉身体不适,且病情反复不止。为免乾隆皇帝担心,皇太后便一直隐忍不报,几日后,曾步履康健的她病情危急起来。

佛的世界渺茫难见、苦乐无常,帝王的世界气象森然、宠辱瞬间。

在弥留之际,钮祜禄氏会想到自己未来永恒的居所。在泰陵东北约三里的东正峪,在那个世界里,她有自己独立的佛殿,与享受不尽的荣华,如同美人图中的美人一样,镶嵌到奢华的永生当中。而且,钮祜禄氏的泰东陵与雍正帝的泰陵,两处相隔三里之远,可以相望又绝不近身,符合她揣摩了七十三年后的心理距离。

在人间,乾隆皇帝在钮祜禄氏身旁昼夜守候。夜半时分,皇太后安然去世。

第十五章

死亡傀儡

弘昼平静地看着哭丧的下人们。那些姬妾丫头老妈子正哭天喊地为他喊丧："王爷您为什么英年早逝？""老天为何如此不公？"

弘昼坐在鼎彝盘盂等各种明器中间，大吃大嚼为他准备的各种祭品，大口地喝着祭酒，如同在生命的彼岸，看着红尘中贪念痴情的人们。

即使皇帝又如何？依然逃不掉命中注定的郁郁寡欢。弘昼总能想起忙碌而孤独的父亲。即使弘历与弘昼都已成家，雍正却没有让他们分府而居，而是让两个儿子陪着自己，生活在偌大的圆明园与紫禁城中。雍正老了，与众多清帝相比，他本来妻妾就少，皇子长到成年的仅有四位：老大弘时因为参与允禩一党，被雍正逐出家门，不久后抑郁而死；年龄最小的弘瞻，还在咿呀学语。

剩下的热闹，就是宫里、园里养的许多只狗。雍正亲自给这些狗赐名，给最喜欢的两条狗分别起名"造化狗"和"百福狗"，并亲自为他的爱犬设计制作服装。雍正还制作了许多虎皮狗衣、猪皮狗衣、豹皮狗衣等，每件狗衣都经过狗试穿后，由他亲自认真察看，稍有不妥，就必须返工。

　　在雍正死前的十二天，弘昼看见二百斤炼丹用的牛舌头黑铅运进圆明园，园子里的西苑总是升起袅袅的青烟。在生命的后期，雍正时常与张太虚、王定乾等数位道士一同炼丹。雍正八年（1730年），雍正斩杀了宫中的道士贾士芳。贾士芳嘴里念念有词，呼唤天地神灵供他驱使，这样的妖术，既然能控制雍正的健康，更能置他于死地。从此以后，雍正对死生变得异常敏感与沉迷，宫中的道士也是换了一任又一任；"妙应真人"娄近垣为雍正设立祭坛，为他祈祷除祟；张太虚、王定乾等为雍正在宫内烧丹。

清宫廷画家绘《雍正帝行乐图》之十一

这场哭丧的戏，是大清乾隆年间的和亲王弘昼，给自己预演的丧礼。这位和亲王亲自安排了丧礼的一切细节，安排丧礼的供品，亲自充当丧礼中自己的尸体。下人们已经到各个王爷府上去"报丧"事，醉醺醺的弘昼突然肆无忌惮地大笑起来，此刻他觉得，红尘中的权力与政治、执着与留恋不过如此。在雍正王朝里，弘昼与弘历像政治上的孪生兄弟一样，彼此不分；如今已是乾隆王朝，当今皇帝乾隆帝弘历的弟弟弘昼已经超脱而去……你是皇帝我是佛，皇帝哪有我快活？

弘昼回忆起皇考雍正去世时，圆明园里的那个异常压抑、忙乱的夜晚。雍正十三年（1735年）八月二十三日凌晨，雍正突然溘然长逝，没有任何预兆。前一天，雍正还召见了张廷玉，当晚九时雍正病危，十二点钟便龙驭上宾了。

雍正去世后的几个时辰内，帝国出现了短暂的权力真空。弘昼、弘历只能痛哭流涕表现孝道，大臣与王爷则忙成一团。张廷玉、鄂尔泰两位重臣向允禄、允礼等亲王们表示："五年以前，大行皇帝曾经示我二人有密旨，外人无有知者，此旨收藏宫中，应急请出，以正大统。"几位王公大臣同意。苏培盛等总管太监均不知道有此密旨，更不知藏于何处。张廷玉说："先帝在留下遗嘱的当日密封之件，估计也不会太多，外用黄纸固封，背后写一'封'字者即是传位密旨。"

圆明园里一片混乱，雍正时期的这些能臣，六神无主地准备车队，将雍正的遗体送到紫禁城的乾清宫。但圆明园内没有大量的车马，王公大臣们不得不找来一些下人的劣马摸黑赶路，张廷玉几乎从马上跌落下来。

在黑暗的路上，弘昼会听到弘历急促的呼吸声。此时，鄂尔泰正在圆明园内寻找雍正的遗诏。弘昼后来想来可笑，他与弘历年龄相差仅仅三个月，父皇雍正特令弘历与弘昼享受基本相同的待遇，时而命他们代行祭天、祭祖之礼，亦同日封王，且共参苗疆事务。但朝廷内外的人都知道，他只不过是弘历的陪衬。在这短短的去紫禁城的路上，弘昼觉得彻底的无助、尴尬、无力。

鄂尔泰终于找到了遗诏，从圆明园赶往紫禁城，忙乱之中，他只有一头瘦弱的骡子可骑，瘦弱的骡背将他的髀骨磨破，当他跑进紫禁城后，人们发现他的血已将裤子浸透。张廷玉展开这封密旨进行宣读，这正是雍正传位于弘历的遗诏，那个瞬间，雍正时代被乾隆时代替代。

在帝国庄重的权力更迭中，一头羸弱的骡子和一位被颠得屁股流血的大臣，填补了皇位这个极其短暂的空缺。对于乾隆来讲，这将成为心中永远的黑洞。这位宽厚仁和、心机颇深的皇帝，在即位第二天便把愤怒发泄给了雍正身边的太监。他在众人面前斥责了总管太监苏培盛，斥责这位雍正身边的红人狂妄无礼。

乾隆只比弘昼大三个月，当年，两个人就分居在雍亲王府的东西室，兄弟两个自幼在一起长大，形影不离。六岁时，兄弟两个在如意室一起读书，九岁正式聘了福敏为师。两人一起学习，一起玩耍，在那个无忧无虑的皇子时代，他们与当年的父亲一样，特别喜欢到柏林寺去玩，参禅论道。此时，乾隆登极以后，圆明园再也不可能栖身，弘昼希望新皇帝将父亲的雍亲王府赏赐给自己作为住处。乾隆异常恼火，他以此府乃两代帝王龙飞之所为由，断然拒绝了弘昼的要求，并按照雍正的设想，将它改装成为一座喇嘛庙，成为香火不断的雍和宫。

弘昼的救星到了。皇太后钮祜禄氏对乾隆说，很想看看和亲王府里的金山、银山，不管怎么说，乾隆为了取悦母亲，马上在弘昼的新家里堆起了金山和银山，还将雍正潜邸的财产悉数赐给了弘昼，使他迅速成为诸王中的首富。

一次，在奉命盘查仓库时，弘昼盘查得有些敷衍，乾隆借此大做文章，让宗人府的人议定弘昼的罪。紧接着，乾隆以宗人府议罪过轻为由大发雷霆，一边将宗人府的王公严加议处，一边却只将弘昼罚俸一年。弘昼此刻完全明白，这种敲山震虎的办法，是给自己划出一个严格的禁区：可以在京城内外尽情地折腾，却不能向紫禁城的权力中心迈出任何一步。

万里无云。在承德附近的木兰围场，众多侍卫射伤一只大熊，弘历刚刚放马过去，上前观看，受伤的大熊忽然咆哮着立起，扑向年仅十二岁的弘历。所有的人都大惊失色，唯弘历不慌不忙，搭弓射箭，身后的康熙连忙举枪将熊打死。事后，康熙忍不住对温惠皇太妃说："弘历之命真是贵重，将来福报必在我之上。"这是康熙六十一年（1722年）的情景，这年夏天，弘历从皇祖康熙到避暑山庄，时时伴随康熙帝身边，因此备受宠爱。

多年以后，乾隆会向别人这样回忆："当年，我仰窥皇祖的恩

清人绘《乾隆皇帝一箭双鹿图》轴（局部）。故宫博物院藏

意，似乎已知道我是异日可以托付之人，因此要看一看圣母佛相。"乾隆总是"忍不住"跟臣下们说起自己的童年，自然而然地将康熙王朝与乾隆王朝串联在一起，并且不知不觉地压了雍正一头——皇考雍正沾上了儿子乾隆的光才当得了皇帝。

乾隆在即位的第二天，向帝国发布的第一条命令，就是驱逐雍正身边的道士张太虚等人，接着警告与雍正接触过的僧侣，不得在外招摇撞骗，否则以国法、佛法双罪论处治罪。他昭告天下：皇考雍正在万机余暇之间，听说江湖上有炉火修炼之说，心中深知其非，却欲聊试其术，作为一种游戏消闲；先考把这些道人视为与俳优人一样低等，未曾听其一言，未曾用其一药。刚刚履政，乾隆的政治经验稍显幼稚，这些解释过于"此地无银三百两"，反而指向了雍正猝死于丹药的死因。

乾隆刚一上台，便涂改了雍正的遗旨：他将雍正留给世间的最后遗言，变成了一封充满内疚的"检讨书"。"检讨书"中，雍正一直对自己雷厉风行的苛政予以检讨，希望以后能够实行仁政。

乾隆告别雍正的最后一面，让天下人无比感动。在雍正大殓之际，乾隆无数次挣脱众人的阻挡，拦着不让人盖上棺材。从头一天夜半到第二天日暮，乾隆痛哭不停，整天水浆不进，群臣伏地环跪，恳请皇上节哀，皇上仍悲不自胜。

不过，当雍正被钉入棺材以后，这位先帝便成为新君的政治傀儡。乾隆借着雍正的嘴，要把从前的严政改为宽政。乾隆进而对前朝政事多所指斥，把雍正王朝献瑞祥、火耗归公、改土归流等政事，一律看成是败绩。乾隆元年（1736年）二月，他取消了士绅一体化当差，以示政府优恤士子之意；三月，废除前朝的黄铜之禁；六月，改宽、改缓了对生员欠粮、包讼等情事的处分；七月，停止实行老农顶戴之例；十一月，废除了八旗的籍田制。

乾隆元年（1736年），北京崇文门外蒜市口的曹家旧宅里，曹雪芹一家热闹了起来。新皇帝实行"亲亲睦族"的政策，要抚平前朝皇室相残的伤口，并对前朝权力斗争中受牵连的许多官员予以宽免，曹家亏空的欠款一夜之间被勾销，曹家的人重新被内务府叙用，曹雪芹的表哥平郡王福彭，甚得乾隆皇帝的恃宠。青春做伴，曹家人搬进了宽敞的王爷府里，曹雪芹开始体验三年"贾府"生活。

乾隆宽恕了历次政治斗争及与其有关的文字狱的犯人，释放了被清朝前期历代帝王折磨的幽魂。他对年羹尧、隆科多两案中的人员，亦予宽大，允许起复年羹尧滥冒军功案内革职的文武官员，只是酌量降等使用。将前朝文字狱的犯人们从东北宁古塔等地放回原籍。许多年以后，他再次搬出雍正"傀儡"，说雍正晚年对自己的兄弟相残颇为后悔，阿其那、塞思黑并没有明显的篡位活动，将他们改回允禩、允禟的原名，收入玉牒，也让他们的子孙一并归还爱新觉罗宗籍。乾隆甚至为康熙的政敌鳌拜赐予了封号，为顺治时期的多尔衮恢复封号，把他的牌位搬入了太庙。

乾隆热衷于清除皇宫内外的历史废墟。突然，他惊悚地发现，康熙朝的废太子允礽之子弘晳，居然在京城北部的郑家庄设立了小朝廷。在这个五脏俱全的小朝廷中，建立了一个完整的国家体制，拥有会计司、掌仪司等七大部门。

按血统说，弘晳是康熙的嫡孙，是乾隆帝弘历那辈皇孙们年龄最大者。雍正朝时，他以理亲王的身份搬入了北京北郊的郑家庄。当年，康熙晚年就在郑家庄修建行宫、王府、城楼与兵丁营房，这个浩大的工程中包括行宫大小房屋二百九十间，王府大小房屋一百八十九间，饭房、茶房、兵丁住房、铺房则多达一千九百七十三间，当然还配置了豪华的花园等设施。

当年，康熙把被圈禁的废太子允礽移到郑家庄，是想把他软禁在远郊的这座豪华的王府里，既可以改善他的待遇，又减少了让其留在宫廷里图谋不轨的危险。这座行宫正位于康熙每年木兰秋狝的途中，经常途经驻跸，也借此严密地监视废太子。如今，康熙死了，废太子允礽死了，雍正也死了，郑家庄成了一个充满阴谋的大本营。

这个小朝廷充满了爱新觉罗家族王公显贵的后裔们，他们要恢复康熙传错了的皇统。令乾隆无比震撼的是，小朝廷的同盟者竟是这样的一个名单：有庄亲王允禄本人及他的两个儿子，怡亲王允祥的两个儿子，恒亲王允祺的一个儿子。这三位亲王最受雍正恩宠，谁知康熙废掉太子那么多年了，当年皇子与后代的潜意识里，仍尊崇允礽为康熙的接班人，对雍正并不真正服膺。这些"铁帽子"亲王与后代，甚至密谋要在乾隆出巡时布置刺杀，然后恭请弘晳"以正帝位"。

见惯了前朝各类狱案的乾隆，不动声色地处理了这场险恶的政治危机，他甚至没有下旨昭告天下，只是革去了弘晳的宗室族籍，将他圈禁在景山东果园，其余的从犯处置得也算轻描淡写，个别的加以圈禁，有的只是革爵，有的仅仅被停俸。在这场静悄悄的处理背后，乾隆对牵连其中的一般官员，特别是像曹家这样的内务府包衣，却予以了绝对无情的打击。曹家上下再次被卷进了政治斗争的旋涡之中，不久以后，曹雪芹再次流落到了街头。

时隔将近二十年，雍正一系儿孙，在康熙的后代中仍然如此孤单。弘昼知道，即便如此，他与乾隆之间，永远不会复制允祥与雍正那样的关系——亦君臣亦兄弟。乾隆更愿意大把大把地花银子把弘昼养起来，也不愿让他染指政权。在紫禁城的正大光明殿，弘昼与乾隆监视八旗子弟的考试。到了午间用膳的时间，弘昼请乾隆前去用膳，乾隆未许。弘昼亲昵地开着玩笑说："难道皇上怀疑我买嘱士子吗？"第二天，弘昼入宫，乾隆不经意地说道："你昨天的话，已经犯了粉身碎骨之罪。"弘昼心中一惊，却看到乾隆谈笑如初。此时，皇族贵胄中已再没有乾隆的对手，乾隆心中的敌人，是前朝与当朝权位最重的两位大臣：大学士鄂尔泰与张廷玉。

这是雍正为乾隆留下的棋局。新君总会使用新臣，雍正为了保护这两位老臣煞费苦心，他在遗嘱之中宣布：鄂尔泰与张廷玉两位大臣死后可以配享太庙。清朝自开国以来，配享太庙的异姓大臣只有十二人，雍正想用一纸遗嘱来保护二位宠臣的政治生命。不过，乾隆很轻易地发现了他俩的致命弱点，就是两个人势同水火的矛盾。两人的斗争从军机处蔓延到乾隆的书房，逐渐蔓延到整个朝堂，甚至是京城富户的葬礼。最后一直斗到了京都以外的贵州和四川。

在雍正尸骨未寒之际，张廷玉党便与鄂尔泰党开战。张党借贵州苗民起义对鄂尔泰的改土归流政策发难，张党骨干成员张照自请命平苗。在鄂尔泰的地盘上，大大咧咧的张照踩进了贵州山区战争的泥潭。战事毫无进展之时，张照竟然假传圣旨放弃新辟苗疆。此举激怒了乾隆，他将张照打入大狱，起用鄂党的骨干张广泗平苗。鄂党乘机反扑，想要置张照于死地。但出乎所有人意料，乾隆赦免了欺君罔上的张照，令他到武英殿修书。

乾隆六年（1741年），京城一位石匠的葬礼，成为两党相争的导火线。京城富裕的石匠俞君弼死后，家门凋落，俞君弼尸骨未寒，巨大的家产成为俞家女婿许秉义与过继孙子俞长庚争夺的对象。两人竞相结交权贵，并把俞君弼的葬礼作为竞争的手段。女婿许秉义通过内阁学士许王猷，邀请朝中九卿前往吊唁，凡前来吊唁的官员都收到一个红包，前往吊唁的官员以张党居多，甚至张廷玉也差人送去了帖子。

民间的葬礼，竟然成为朝廷的重案。鄂尔泰的门生、左副都御史仲永檀弹劾张廷玉及其党羽鄂善收到万金红包。乾隆亲自审理此案，他向鄂善保证，可以从轻发落，鄂善才承认收受贿银一千两。鄂善因此被乾隆开恩免予杀头，所谓"从轻发落"是赐自尽。虽然鄂善并非张党成员，却仅仅因为参加了一场石匠的葬礼，而成为党争的牺牲品。

鄂党再接再厉，将弹劾案延伸到了皇帝的书房里头。仲永檀又将矛头对准张照，说张照泄露了乾隆皇帝关于留中事件的密折，以至外界炒得沸沸扬扬。仲永檀奏折说，泄密案的幕后就是张党的首领张廷玉。

经过几轮弹劾，张照已经深谙互参之道，他派人探知：仲永檀曾经将留中密奏的疏稿内容泄露给鄂尔泰之子鄂容安，于是上疏揭发。此举击中了鄂党的要害，张廷玉协同其他大臣及三位亲王审理此案，查实仲永檀、鄂容安二人往来亲密，而且确实有过严重泄密之事。就在张党希望将鄂党一网打尽时，乾隆却从宽发落，只将仲永檀下狱，仅令鄂容安退出南书房。乾隆只是严斥了鄂尔泰："朕从前能用汝，今日能宽汝，将来独不能重治汝之罪乎？"

乾隆十年（1745年），鄂尔泰在忧惧中病死。最后一次呼吸时，他会感觉到彻底的解脱。他的牌位被送进了紫禁城旁边的太庙中，他逃进了死亡，也逃脱了日益成熟的乾隆的倾轧。

兔死狐悲。张廷玉知道，皇帝清除张党的时刻到了。大清帝国的太庙中还没有汉臣，日益衰老的张廷玉，希望自己的灵魂能够成功地走入这座太庙，与大清国那些赫赫有名的武将文臣一起，享受国祀。

"万言万当，不如一默。"这句张廷玉奉行的金科玉律，使他成功地留在雍正朝第一汉臣的位置上。如今，张廷玉也忍不住喋喋不休起来。他上疏皇帝，请求辞去兼管吏部事务的职务，随后他多次哭哭啼啼地向皇帝乞求，希望告老还乡。如此的絮烦啰唆，让乾隆深感不悦，鄂党更向乾隆进言，称张廷玉没有资格告老。

张廷玉忍不住更加啰唆了，这位老臣面觐乾隆，鼻涕一把泪一把地哭诉委屈。乾隆答应他可以配享太庙，老人家哭昏了头，竟然要求皇帝写下字据作为见证。乾隆心中不悦，但还是表示不会更改雍正遗诏，让张廷玉放心。大悲大喜之下，变得神志不清的张廷玉，次日让儿子张若澄上朝，代谢皇恩。乾隆恼怒万分：张廷玉请求配享太庙时能亲自来面奏，谢恩时却摆出架子，视皇恩为"份所应得"吗？当即拟旨斥责张廷玉。张廷玉的门生汪由敦火速派人送信给张廷玉，第三日一大早，张廷玉还没有接到圣旨就进朝谢恩。乾隆见张廷玉消息如此灵通，更是怒火难耐，立即削去张廷玉伯爵之位。

在头脑恍惚的残年中，张廷玉总会想起，雍正十一年（1733年）他回乡祭祖时，雍正赐给他一柄玉如意，希望他将来事事如意。可如今，他何时能够衣锦还乡，把尸骨留在安徽桐城，让灵魂回到紫禁城边的太庙呢？

乾隆十五年（1750年），乾隆的爱子永琏早亡。张廷玉是永琏的老师，学生死去，张廷玉更怕成为乾隆眼中的累赘。初祭刚过，张廷玉再次向皇帝奏请告老还乡。乾隆此时悲伤至极，不留颜面地训斥张廷玉毫无人臣、师徒情谊，他将历来配享太庙的名册给张廷玉看，让他自己考虑能否与前朝功臣们相并列、配享太庙。乾隆再次涂改了雍正遗诏，撕碎了曾对张廷玉的承诺，罢除了张廷玉死后配享太庙的待遇。随后，因为张党朱荃狱案的牵连，乾隆下令尽缴张廷玉历年皇帝所赐之物，查抄了张廷玉在北京的住宅。盛怒之下的乾隆，将这个风烛残年的老人羞辱到底，才将他放归故乡。

乾隆二十年（1755年），乾隆南巡，八十三岁的张廷玉因接驾来迟，再度受到乾隆的责骂。此时，他已经听不太清责骂的词句了，他只是费力地听到别人说起，这年朝中发生了胡中藻的文字狱案。那位鄂尔泰门生，因为诗文中多有悖谬之词被斩决。自从鄂尔泰的两个儿子在西北战争中阵亡，鄂尔泰一党已经人才凋零，此案牵连到的鄂尔泰之侄鄂昌，已被乾隆命令自尽，自此鄂尔泰的残存势力从此销声匿迹，鄂党成为历史。

在接驾回家的路上，张廷玉彻底恍惚了。他回忆起那位敢作敢为的鄂尔泰，想起他以济世为胸怀的同朝搭档；他回首自己效忠朝廷的五十年岁月，鞠躬尽瘁，一生谨慎，却终究晚节不保。鄂尔泰已成为朝廷永远的功臣，而张廷玉则成为一个备受冷落的乡间耆老。不久以后，张廷玉带着彻底的绝望病故。乾隆一直等待着张廷玉的死亡，听到消息后，立刻做出眷念老臣的姿态，宽恕了张廷玉的罪过，厚葬了雍正王朝的最后一位重臣，仍令他配享太庙。

乾隆三十五年（1770年），"荒唐王爷"弘昼耗尽了所有的精力，即将走完这一生。就在他弥留之际，乾隆到府中看望他。和亲王弘昼挣扎着从床上爬起来，一边磕头，一边用两手围在头上，比画出一顶帽子的形状。

经过了轰轰烈烈的乾隆新政之后，弘昼发现，乾隆仅仅修正了雍正王朝主要政策的根梢。雍正刚刚去世，谢济世等人就大声疾呼取消密折制，他们历数密报的弊端："小人多以此说害君子，被告者无由申诉；上下相忌，君臣相疑。"乾隆表面上心悦诚服地赞许了他们的建议，却仍旧将密折当作法宝相袭相沿。他一度罢免了军机处，不久却再次建立军机处，并将永远地罢黜相权。乾隆一度怀疑过雍正创行的主要制度，经过几番推敲，他开始不遗余力地推行改土归流、奏折和军机处、摊丁入亩、火耗提解与养廉银等制度。

整整六十年的时间里，乾隆不断地修改雍正的肖像。他希望在历史中，给父亲画出一幅满意的素描画。他刚刚即位，就想起了江南那个宣讲《大义觉迷录》的书生曾静。他再次"涂改"了雍正的遗嘱，将曾静和张熙凌迟处死。雍正曾经以为，将所有的诽谤公之于天下，就能澄清事实，谣言自灭，可惜他的子民只记住了流言蜚语；乾隆曾经相信，只要将《大义觉迷录》销毁，就能让父皇的英灵从此安息，然而大多数人怀疑毁书的唯一理由是其中透露了太多的真相。《大义觉迷录》中雍正的反面形象，经过雍正时代的高温，再经过了乾隆时代的冷却，终于成为雍正的定型形象，牢牢地镌刻在历史的深处。

在弘昼的病榻前，旁边人都看得明白，这位和亲王希望乾隆把这顶亲王的"帽子"永远赏给他的子孙，乾隆却摘下自己的帽子交给弘昼，问："你是想要我的帽子啊？"此刻，这对前朝的政治孪生兄弟都无比清楚，这句话给他们暗斗了的一生画上了句号。旁边的人却不懂，哥哥是想让他在生命的最后一刻沾一下这顶皇冠的边，还是暗讽弟弟装了一辈子傻、临死也不忘这顶帽子？

清宫廷画家绘《雍正帝半身西服像》屏，故宫博物院藏

雍正对基督教采取严厉的态度，但并不掩饰对西方世界的好奇和兴趣。他视西方科技为"奇技淫巧"，为个人享乐，而非推行社会

弘昼被葬在密云县城西北二十余里凤山之侧，灵山之前。汉白玉制石门上，弟弟的墓志铭算是回答了哥哥最后的举动："何须争名利，即此是安居。"

第十六章

朝乾夕惕

雍正四年（1726年）五月初五，北京城充满了端午节的气息。皇城根下的百姓们，纷纷在传阅着最新的一期报房小报。这种小报的创办者半官半私，是中国最早期的报纸。让京城老少们感兴趣的文章便是：端午节这一天，所有的王公大臣到圆明园，向皇帝叩节礼拜。雍正皇帝大手一挥：上船。所有人来到园内的东海岸边，登上了数十条豪华的大船。每只大船上，都有皇上赏赐的蒲酒，以及各类吃喝，船上的人吃吃喝喝到了黄昏日落，兴尽而归。

这则关于皇帝的娱乐新闻，纯属子虚乌有。端午节前，当内务府向雍正请示是否像以往一样把龙舟修整好，以备端午节游玩时，一向俭朴的雍正制止了。没想到小报的主编们捕风捉影，竟然如此大做文章。雍正看了这张小报后大发雷霆，要求兵部和刑部详细审讯，以惩邪党。几天之后，报房负责人何遇恩、邵南山被判斩刑，这两个不遵守职业道德的报人，成为中国新闻史上第一次有名有姓的被杀的报人。

读过花边报纸的雍正丝毫不知道，他离我们的现代社会已经如此亲近。打发开下人之后，他在圆明园的九州清晏殿中坐下来，陷入那熟悉的孤独之中。他还记得,端午节前一天他便降旨:诸位王公大臣不必去圆明园叩节。端午节那天,在繁忙的公务闲暇,他仅仅把圆明园内侍从的十多位近臣召集到四宜堂里吃粽子。来吃粽子的人不到一个时辰就退下了,雍正突然感觉到前所未有的寂寞。当朝的民间与官场,尽管经过他无数次的解释,仍旧对他有着深深的

清宫廷画家绘《圆明园图咏册·勤政亲贤殿》摹本

勤政亲贤殿是雍正帝接见群臣、批阅奏章、处理日常政务之所

清宫廷画家绘《圆明园图咏册·正大光明殿》摹本

正大光明殿是圆明园的正殿,是雍正帝临朝的地方

误解。

雍正坐下身来，御案上摆着河南巡抚田文镜、云贵总督杨名时的奏折。雍正知道，在这两个奏折的背后，延伸出帝国未来两条截然不同的道路：一条是以杨名时、查弼纳、裴度、张楷、魏廷珍等为代表的保守派，另一条是以田文镜、李卫、杨文乾等为代表的改革派。

云贵总督杨名时是天下人称道的"清官"。这位雍正年间的旷世大儒，是被天下学子朝拜的理学领袖。他年轻治学时，在酷热的三伏天里仍手不释卷，以至身上的白衣被汗渍染成浅皂色。在云南任职期间，他还千方百计地革除雍正"摊丁入亩"等政策的内在弊端，实实在在地减轻了百姓的负担。云南一度罹患水灾，百姓流离失所，他禀明朝廷，请求救济。当时国库空虚，雍正让他自筹资金解决。杨名时绞尽脑汁，从盐商那里借得了银两，救百姓于洪涝之中。

在云南人的心里，杨名时就是这两个理想形象的合一。雍正的理政风格是雷厉风行，而杨名时的风格则是春雨润物。雍正刚劲的政令每每到了杨名时的辖区就会被分解、柔化，杨名时因此得到了百姓的赞誉。中国民间自古崇尚清官，从包拯到海瑞，百姓们在心里一直描绘着一位操守廉洁、刚正不阿、为民请命的完美形象；在中国的知识分子中，从颜回到朱熹，士人们有一个修身、齐家、治国、平天下的远大理想。

端午节这个短暂的节日后，雍正重新调整朝纲，希望为清朝以后的吏治奠基。他发表了长篇谕旨，把保守派与改革派的督巡们列成名单，赞扬田文镜为首的"能臣"，攻击杨名时为首的"清官"。杨名时在云南从政七年，仅参劾过一位进士出身的知县，这正好成为雍正心中的靶子。雍正曾表示:"那些封疆大吏为了图宽大仁慈之名、沽取安静之誉,对贪官蠹役则庇护之,对强绅劣衿则宽假之,对地棍土豪则姑容之,对巨盗积贼则疏纵之,这样会使天下百姓暗中受其荼毒,无可控诉。"雍正把杨名时等五位保守派督抚,看成孔子口中的"乡愿",即"德之贼也"!

五位被批判的督抚中,只有杨名时一个人还击了。他上疏雍正,表明孔圣人厌恶"谄媚、花言巧语、无礼、不逊、陷害他人"的小人。杨名时用周密的理学思维,旁敲侧击地批评了雍正推崇的田文镜、李卫等"能臣"。自此,雍正与杨名时的辩论升格为路线斗争。朝廷中的众多朝臣还没有意识到,这次辩论是中国进入现代社会前,政府关于执政方针最典型的一次辩论。

雍正想要撕破杨名时的理学伪装,把以他为代表的名儒集团彻底妖魔化。就在这个当口,曾任云南布政使的李卫呈上一个奏折,罗织出杨名时的"四大罪状"。雍正马上选派钦差大臣朱纲南下云南,务必扒下杨名时假道学的"画皮"。贪功心切的朱纲很快发现,这"四大罪名"纯粹子虚乌有。当雍正降旨要杨名时供认"巧诈居心"时,杨名时宁死不屈。朱纲欲用刑讯逼供,新继任的云贵总督鄂尔泰斥责朱纲说:"你见到过岳飞雕像前跪了几百年的秦桧吗?"

此时,雍正操纵的杨名时案迷失了方向。如果因为几件鸡毛蒜皮的小事杀了杨名时,有失帝王的风度与襟怀,更会成全杨名时"清廉而终"的大儒名望;如果继续审讯羞辱,却也不能摧毁杨名时所坚守的道德底线,而且会牵出李卫、原云贵总督高其倬等宠臣在内的一连串贪污案。最终,雍正意味深长地说:"杨名时一案,要等到云贵官僚的贪污案清结之后,再降谕旨。"杨名时虽然逃过一劫,但是终雍正之世,一直待罪云南。为了生存,他以布衣之身开馆授徒,讲解《大学》与《中庸》,听者云集。

就在杨名时讲授《大学》时,另一位儒学大师蔡世远告诉皇子弘历:"如果说,还有怀着尧舜一样的君民之念的人,那天下只有杨名时一人而已。"弘历心里当然清楚地知道,如果说皇父雍正在进行一场王安石式的变法,杨名时岂不是当时屡遭打压的司马光?

在雍正帝国的另一条道路上,雍正领导的官僚体系,曾经接近过我们这个现代社会。较之宋代和明代,鸦片战争前的中国,雍正皇帝所遇到的改革压力是历史上任何一个朝代的统治者不可同日而语的。这个时代最重大的、最突出的社会问题就是人口剧增。明万历年间中国的人口为一亿五千万,到了乾隆年间已经突破三亿。此时白银大量内流,米价持续上涨,社会动荡不安,这一切都从更深层次动摇和瓦解着传统社会赖以存在的基础,传统政治体制和经济、财政、金融制度面临着历史上空前严峻的挑战。

从一个角度看,康雍乾时代无疑是盛世,换一个角度看则又是一个亘古未遇、让人不胜忧虑的世界,处于康乾之间的雍正,自认为必须对帝国肌体进行更为超前的手术。

田文镜的官场生涯,接近于我们现代人的职场,他也成为中国古代社会的第一批"职业政客"。经历了火耗归公的改革,他的年薪高达二万八千九百两白银,但是这些收入却绝对透明,账面上是以往官员收入的上百倍,实际上却不到康熙年间督抚们贪污受贿得到收入的十分之一。田文镜还必须得用这些薪资,负担起督抚职权内所有的办公开支，养活自己聘任的"公务员"队伍，完成火耗归公、士绅一体化当差、摊丁入亩等一系列政府规划。过于透明的开支，使这位封疆大吏一直家境窘迫。

作为改革派代表，田文镜也深知自己被天下人所恨。在就任山东总督之际，他所上的奏折中便表达了一种牺牲精神："臣以前就任河南总督之时，使那些贪官墨吏、玩法士民没有营私舞弊的机会，因此毁谤不断，议论丛生。今天，臣将使山东仍照河南一样行政，山东也会怨声蜂起。"当雍正要给田文镜增加办公费用之时，田文镜坚决地拒绝了，他表示"职业政客"的办公费用要有一个定数。田文镜在山东总督任上，一口气剔除官衙陋规数十项之多，使山东省的旧式官吏成为雍正时期工资透明的"职业政客"阶层，如他所说，他也得到了"酷吏"的天下骂名。

在给田文镜的奏折朱批中，雍正充满温情地写道："朕安，邬先生安否？"九五至尊的皇帝，竟然向部下的师爷问好。实际上，雍正向着一个正在崛起的阶层——"绍兴师爷"致敬。

雍正王朝中，既然出现了田文镜这样的"职业政客"，也出现了邬思道这样的"职业公务员"。幕友佐政得到法律及社会的广泛认可，门客和幕友成为各项政务不可或缺的人物，各级官府衙门里都有幕友参与政务，尤其是府、县两级衙门，至少要聘请刑名、钱谷、书启、挂号等四五名幕友，于是便有"无幕不成衙"之说。

邬先生成为绍兴师爷的鼻祖。这位"邬公务员"看到田文镜深陷黄河灾祸时，已经洞悉了田文镜的结局。于是他急流勇退，告老还乡，也使得田文镜更加迅速地败亡。邬先生归家后著有《游梁草》

《抚豫宣化录》两书，以田文镜的名义刊行，讲述了他毕生的游幕师爷之道。这两本书后来被师爷们奉为枕中鸿宝，绍兴师爷名气也由此大振。久而久之，在全国各地大大小小的衙门便形成了"绍兴师爷"这一庞大的职业群体，甚至有"无绍不成衙"之势。

邬思道的成功，不知道是绍兴文人的幸运，还是天下文人的不幸。雍正时代的文人，贤与能、德与才、义与利等价值观正在分裂。前者属于古典范畴，强调要实现孔孟描绘的理想社会；后者因应时代变革、社会发展的需要，更倾向于追求效率的实现，其流弊则可能导致士人们精神道德的迷失。邬思道的崛起，无意中成为中国读书人钻营政治、放弃理想的一个时代记号。

雍正四年（1726年），雍正王朝关于"公务员制度"的改革波及广东省的海关衙门。当时到广州经商的洋船，每条船送给粤海关衙门的陋规多达六十八种名目，总计一千九百五十两白银。广东巡抚杨文乾，按照火耗归公的政策，大刀阔斧整顿，把陋规变为正式附加关税，将红包式的礼银统一归公，再分拨到相关衙门作为补充经费。

杨文乾此举，打乱了清王朝海关维持了多年的潜规则。英国人、法国人觉得付了"缴送"，该被勒索的，还得被勒索，所以极度不满；海关衙门的大大小小官吏顿时被断了财路，杀了杨文乾的心都有。

广州官民，乃至泛海而来的洋人，内外一心地想要扳倒杨文乾。福建巡抚常赉出面，狠狠参了杨文乾一本，有鼻子有眼地说杨文乾贪污多达三十万两。杨文乾一向奉公守法，是雍正信任的宠臣。故而雍正替杨文乾出头，反过来派杨文乾到福建查办巡抚常赉仓库亏空一案。其结果竟然是，经过查实，就在雍正四年，杨文乾共贪污勒索白银十五万两，超过了当年广东海关关税的总额。最后，在雍正的力保之下，杨文乾没有丢掉顶戴，却也灰头土脸地离开了广东。

雍正十三年（1735年），雍正去世，在天下朝臣的注视中，李卫进入雍正停尸的梓宫，跪在地上大声恸哭。那哭声如此真诚凄切，甚至超过了表演孝顺的新皇帝乾隆。

就在两年前，直隶总督李卫弹劾户部尚书鄂尔奇坏法营私、紊制扰民诸状。鄂尔奇是雍正朝第一辅臣鄂尔泰的亲弟弟，李卫弹劾之后，鄂尔奇虽获免罪，但在两年后黯然去世。雍正故去后，乾隆任命鄂尔泰为辅政的总理事务大臣，鄂尔泰等朝中大臣，已准备对他进行复仇。

在雍正的葬礼上，李卫哭得晕倒在地。他一生不畏权贵，弹劾显贵大员无数。他还记得雍正勉励过包括自己在内的群臣的话："自唐宋以来，士人习气、官吏作风已经日渐堕落，我就是要挽救这千百年的颓风，你们也必须要竭力辅佐，匡复正气。"但在乾隆时代，他将孤立无援。当李卫与其他官员发生矛盾以后，乾隆皇帝让李卫等人以"大中之道"来佐理"平康之治"。因此，官场上的颓风再度卷土重来。

乾隆三年（1738年），李卫孤独抑郁而死，时年五十三岁。临终前，他可曾留恋在中国的中古时代以后，那个千年中曾经昙花一现的清廉吏治时代？几十年以后，乾隆开始专宠和珅，大清官衙里的陋规恶习再度膨胀，故态复萌。养廉银制度彻底失效，中国古代社会中最闪耀的一个"公务员"阶层自此消失。鸦片战争之前的中英冲突,"陋规"始终是主要缘由,英国人通过告状和外交手段都无法改变贸易环境,巨额的贸易利润,被经久不变的露骨勒索所折损,彻底激怒了崇尚自由贸易的英国人。

不管是端午节还是其他节日都会变成这位勤政帝王最普通的一日。直到那一天的深夜,他仍在批阅各地官员送来的密折。每天,他都要阅读六七十封来自全国各地的官员的奏折。

此时,雍正要来一盏酒,他最喜爱宁夏的羊羔酒,一个人寂寞地喝着。打开奏折,他与帝国的一千多位官员探讨政务;合上奏折,没有人注意到他在大殿之中龙椅上的疲倦与孤单。喝到微醺之处,他作诗云:"九重三殿谁为友?皓月清风作契交。"雍正不知道,他在法国还真有一位知音,就是法国启蒙主义思想家伏尔泰。在这位百科全书派领袖的心中,遥远的雍正皇帝是中国历代帝王中最贤明、最宽厚的一个。他是全国的"首席哲学家",他所颁布的诏令,充满着伦理的教诲和教义;他也是"首席大祭司"和"第一位耕农"。在雍正的治理下,所有的公共建筑、交通要道和联结这个大帝国各河流的运河都得到了维修,工程巨大而又省钱。在这方面,只有古罗马人才比得上。

在法国光怪陆离、日新月异的民主社会之中,伏尔泰反而认为中国的报纸是世界上最可靠、最有用的报纸。雍正把发布的诏书印成邸报,分发全国各地,这张报纸简直是中国最早的一份官方报纸。在欧洲的一些地方,报纸等宣传品充满了无稽之谈,经常散布一些诽谤他人的谣言；而在中国，只有与皇帝有关的指令才能写成邸报分发各地，让天下人知道政府的动作。

邸报上会报道某省遭遇灾难，皇帝下旨救灾及地方官们采取的救灾措施；还会报道军饷发放、公共设施开支、朝廷贡赋上交等地方财政开支的简要情况。邸报上还会登载被撤职的官员的名字、官职、籍贯，以及撤职缘由，替代被撤职的官员们的名字，也都写在邸报上。凡是判一个人死刑，都要公布于众。邸报上还会列举犯罪人的名单，甚至犯死罪的人的种种罪行。

穿越了半个地球，伏尔泰读懂了雍正身上的现代感。他在邸报中读到，雍正三年（1725年）的三伏天里，北京酷热，雍正想到要让监狱里的囚犯及在街口示众的犯人有所喘息。除了若干个死刑犯，许多犯人交了保证金就获准假释，过了酷热再回监狱服刑；交不出保证金的犯人被取下镣铐，并被允许在整个监狱范围内走动。雍正及其政府还始终极其关心修桥铺路、开凿运河，以便利农耕和手工制作。老伏尔泰画出了中国人完全陌生的一幅雍正的素描：雍正在力争打造一个现代化、人性化的行政体系。

夜寒漏永千门静，破梦钟声度花影。
梦想回思忆最真，那堪梦短难常亲。
兀坐谁教梦更添，起步修廊风动帘。
可怜两地隔吴越，此情惟付天边月。

这似乎是雍正写作的情诗。情诗中，如此真切的浓情，不知是雍正对哪位远方伊人的刻骨思念。而事实上它不是情诗，它是雍正借此发泄他无可寄托的孤单。实际上，雍正一生与浪漫无缘。他不像康熙皇帝那样热衷于游猎或南巡，也没有像顺治、皇太极等皇帝那样沉迷于爱情，雍正甚至对女色也没有什么偏好。他的足迹，几乎就限定在紫禁城与圆明园的两间大殿里，宵旰勤政，理政不怠，接见臣子，批阅奏折。这位中国古往今来的第一勤政帝王，将会逐渐地将那把龙椅磨损出岁月的印痕。

这是一张雍正永恒的肖像。多年以后，雍正仍会在这张龙椅上批改奏折。严寒酷暑，秋去春来。烛光下，时常因为颤抖而字迹潦草；老年时，戴着不同度数的老花镜；溽暑中，即使意欲休息也警醒自己、鼓励自己继续伏案理政；奏折里，雍正要与全国不同位阶的一千多位官员商议政务，处理帝国每个零件的转动。如此日理万机、毫无松懈地勤政十多年后，他的下半身甚至时常瘫痪，自腰部以下皆不能动。陪伴他的，是那把日渐磨损的龙椅。

二百多年来，他的形象会变成一个嗜杀的和残忍的凶手、一位谈玄论道的禅师、一个妒忌能臣的小人、一位深不可测的武林高手、一个雷厉风行的改革家、一位乾隆盛世的实际缔造者、一个天下特务的总头子、一位淫荡好色之徒……二百多年来，天下的人心汹涌变化；二百多年的光阴侵蚀，我们发现雍正仍会在这张桌前永恒地办公。龙书案前，本书就在这里，向这位朝乾夕惕的皇帝辞行。